休闲体育发展理论探索

王莉莉　李风雷◎著

文化发展出版社
Cultural Development Press
·北京·

图书在版编目（CIP）数据

休闲体育发展理论探索 / 王莉莉，李风雷著 . — 北京 ：文化发展出版社，2023.12
ISBN 978-7-5142-4223-2

Ⅰ . ①休… Ⅱ . ①王… ②李… Ⅲ . ①休闲体育－体育产业－产业发展－研究－中国 Ⅳ . ① G812.4

中国国家版本馆 CIP 数据核字 (2024) 第 016030 号

休闲体育发展理论探索

王莉莉　李风雷　著

出 版 人：宋　娜
责任编辑：侯　娜　　　　责任校对：岳智勇
责任印制：邓辉明　　　　封面设计：守正文化
出版发行：文化发展出版社（北京市翠微路 2 号 邮编：100036）
网　　址：www.wenhuafazhan.com
经　　销：全国新华书店
印　　刷：天津和萱印刷有限公司

开　　本：710mm × 1000mm　1/16
字　　数：180 千字
印　　张：10.25
版　　次：2024 年 6 月第 1 版
印　　次：2024 年 6 月第 1 次印刷

定　　价：72.00 元
I S B N：978-7-5142-4223-2

前　　言

随着现代社会的发展，人们不仅有物质需求，还有精神需求，因此，人们开始重新审视生命的价值和生活的意义，从对物质生活的追求转向自我价值的实现。同时，人们也开始追求高品质的休闲生活，并且投身于科学、健康、文明的休闲体育运动中，以此来改善自身的身心健康状况。数字经济时代，休闲再次成为理论界的热门话题，休闲的价值也被重新定义，成为人们追求的目标。20 世纪的生产力发展使人们摆脱了繁重的体力劳动，而 21 世纪的数字经济时代，则要求人们在获得更多物质财富和更多闲暇时间的同时学会如何更好地享受休闲生活。

休闲体育是经济社会发展和城市发展过程中的必然产物。随着现代城市生活节奏的加快和竞争的加剧，休闲体育已经成为一种重要的文化形态，它不仅可以改善居民的生活品质，还可以推动城市发展，增强社会凝聚力。休闲体育是一种舒适、放松的运动，它不仅可以让人们在空余时间里放松身心，还可以提升居民的生活品质。休闲体育在城市化进程中发挥着重要的作用，能够帮助人们缓解压力，改善健康状况，并且随着城市化、老龄化和人口质量的提升，休闲体育的发展前景也变得更加乐观，成为社会生活的重要组成部分。随着经济的不断发展，休闲体育的发展也在不断变化，因此，应根据当地的实际情况建立一套完善的休闲体育体系，以促进休闲体育的发展。

休闲体育已经成为城市生活中不可或缺的一部分，它不仅有助于促进人们的健康，还能提升精神文化水平。作为新兴的运动项目，休闲体育满足了普通大众和团体个性化的需求。将休闲体育作为产业化的重要组成部分，不仅有助于推动我国体育产业的发展，还能够拓宽体育产业的发展领域，提升体育产业的质量和效益。

发展休闲体育的积极意义在于：一方面，它可以让人们获得身心上的满足与快乐，同时也能够为个人的发展提供持久的支持，从而获得情感、成就感和心理上的平衡；另一方面，休闲体育也是社会文化的重要组成部分，它不仅能够丰富人们的体育知识，还能够提升人们的精神文明。体育活动以其令人兴奋的场景和多样的身体姿势吸引着人们去参与、互动、体验、创造、享受。

本书第一章为休闲体育概述，分别介绍了休闲的概念及特征、休闲体育的概念与特征、休闲体育的理论基础、休闲体育的价值分析四个方面的内容；第二章为我国休闲体育的发展现状，主要介绍了四个方面的内容，分别是我国休闲体育发展概述、我国青少年的休闲体育、我国大学生的休闲体育、我国老年人的休闲体育；第三章为我国主要休闲体育项目，主要介绍了四个方面的内容，分别是传统休闲体育项目、时尚休闲体育项目、竞技休闲体育项目、极限休闲体育项目；第四章为休闲体育的发展推广，依次介绍了休闲体育文化的构建、休闲体育管理、休闲体育营销、休闲体育产品开发与设计；第五章为全民健身背景下的休闲体育发展，主要介绍了四个方面的内容，分别是全民健身与休闲体育的关系、全民健身背景下休闲体育发展存在的问题、全民健身背景下的休闲体育空间、全民健身背景下的休闲体育发展趋势。

在撰写本书的过程中，作者参考了大量的学术文献，得到了许多专家学者的帮助，在此表示真诚的感谢。本书内容系统全面，论述条理清晰、深入浅出，但由于作者水平有限，书中难免有疏漏之处，希望广大同行及时指正。

王莉莉

2023 年 6 月

目　　录

第一章　休闲体育概述 ······ 1

第一节　休闲的概念及特征 ······ 1

第二节　休闲体育的概念与特征 ······ 4

第三节　休闲体育的理论基础 ······ 9

第四节　休闲体育的价值分析 ······ 11

第二章　我国休闲体育的发展现状 ······ 22

第一节　我国休闲体育发展概述 ······ 22

第二节　我国青少年的休闲体育 ······ 28

第三节　我国大学生的休闲体育 ······ 36

第四节　我国老年人的休闲体育 ······ 44

第三章　我国主要休闲体育项目 ······ 49

第一节　传统休闲体育项目 ······ 49

第二节　时尚休闲体育项目 ······ 57

第三节　竞技休闲体育项目 ······ 65

第四节　极限休闲体育项目 ······ 74

第四章　休闲体育的发展推广 ······ 85

第一节　休闲体育文化的构建 ······ 85

第二节　休闲体育管理 ······ 100

第三节　休闲体育营销 ······ 116

第四节　休闲体育产品开发与设计 …… 128

第五章　全民健身背景下的休闲体育发展 …… 142

第一节　全民健身与休闲体育的关系 …… 142

第二节　全民健身背景下休闲体育发展存在的问题 …… 147

第三节　全民健身背景下的休闲体育空间 …… 148

第四节　全民健身背景下的休闲体育发展趋势 …… 152

参考文献 …… 155

第一章　休闲体育概述

随着时代的进步，人们的生活水平也在不断提升。科技的飞速发展和生产力的进步使人们的物质生活变得更加丰富多彩，信息时代的到来使人们的价值观念和生活方式发生了巨大的变化。此外，由于生产率的提升，人们拥有了更多的空闲时间，可以放松身心，享受自由自在的生活。随着时代的发展，人们不仅追求生活内容的丰富，还重视生活质量的提升。而体育作为一种社会文化现象，其重要性日益受到凸显。以强身健体、愉悦身心为主要目标的体育活动已经成为人们日常生活中不可或缺的一部分，休闲体育也应运而生。休闲体育不仅是一种休闲娱乐的方式，更是文明生活方式的一种标志，将在社会文化生活中发挥越来越重要的作用。本章为休闲体育概述，分别介绍了休闲的概念及特征、休闲体育的概念与特征、休闲体育的理论基础、休闲体育的价值分析四个方面的内容。

第一节　休闲的概念及特征

一、休闲的概念

休闲一词按照现代汉语的字面意思解释，“休”字最初指的是激情、美善、福禄等，而现在的“休”则指的是休息、休整、修养、休暇等，不仅有离开工作、摆脱烦恼、自由调整等含义，还有更深层次的意义，如指无事、安静、平常和与正事或自己无关等。此外，“闲”字还可以指闲适、闲散、闲暇、闲逸等，都是一种自由自在的状态，可以让人们放松心情，享受自然的乐趣，从而获得更多的快乐和满足感。休闲是一种放松、随意、自由自在的生活方式，它可以帮助人们实现自己的目标。因此，休闲应当被视为一种美好的生活方式，它可以让人们获得更多的快乐和满足感。

西方文化普遍认为，悠闲自在的休闲活动和行为是休闲的核心。亚里士多德认为休闲是一种不需要考虑生存问题、心无羁绊的状态。[①] 杰弗瑞·戈比认为，

---

① 李弋. 电视节目休闲功能研究 [M]. 重庆：西南大学出版社，2021.

休闲是从外在压力中解脱出来的一种相对自由的生活，它使个体能够以自己所喜爱的、本能的、感到有价值的方式行动，并为信仰提供一个基础。[①]瑞典哲学家皮普尔认为，休闲是人类文化的基础。他指出，休闲有三个特征：第一，休闲是一种精神状态，它代表人所保持的平和、宁静的状态；第二，休闲是一种为了使自己沉浸在整个创造过程中的能力；第三，休闲是上帝给予人类的“礼物”。[②]当人们拥有休闲时，他们不仅仅掌握了控制自身状态的能力，更重要的是，他们能够通过心态的平和来获得生活的快乐。

要深入理解休闲的概念，就必须搞清楚休闲的内涵和要素。实际上，随着社会的发展和计算机的普及，休闲活动的内容和形式也在不断变化，并且受到社会经济发展水平和人们文化知识水平的制约。因此，应根据当前的社会状况和文化环境，把握休闲的本质，并将它融入日常生活中。随着经济社会的飞速发展、高科技产品的不断涌现、信息技术的普及，大众已经进入了一个全新的休闲时代。休闲活动是人类社会生活中不可或缺的一部分，它可以让人们在一个相对自由的环境中，以一种轻松愉悦的心态进行自己喜欢的活动，从而获得身心上的放松和满足。

二、休闲的特征

（一）我国学者总结的休闲的特征

我国学者和西方学者在休闲的认知上存在着显著的差异，我国学者以儒家、佛教和道家的思想为基础，对休闲的特征有着深刻的理解，主要表现在以下几点。

1. 多样性

人类是地球上最具智慧的生物，人们不仅能够利用各种工具来实现自己的目标，而且还能创造出新的工具。随着社会的发展和科技的进步，人们拥有了更多的休闲方式，生活变得更加丰富多彩。

2. 道德性

在这个多元化的世界里，每种社交活动都需要遵循严格的社会准则，包括道德准则、法律法规以及道德原则。休闲体育也不例外，只有遵守这些准则，才能得到社会的认可。随着时代的发展，“和谐社会、以人为本”的理念被越来越多

---

① 罗辉．积极心理诗学 [M]. 北京：中国书籍出版社，2021.

② 于光远，马惠娣．于光远、马惠娣十年对话 [M]. 重庆：重庆大学出版社，2008.

的人所接受，它强调了个体应当遵守的道德准则，即不得以牺牲公众利益或者伤害他人的身体健康为代价来满足个人的娱乐需求。“己所不欲，勿施于人。”[①] 任何以此为目的的行为，都必须受到法律的制裁。

3. 主体性

休闲不仅是一种释放压力的方式，还是让人们摆脱孤独和烦躁的港湾。人类不能只是被动地接受大自然赋予的一切，还要以创造性的方式改善自然环境，以维护生态平衡。强调人的主体性是休闲活动的基础，没有主体性，休闲活动将只是一种虚无缥缈的存在，而没有能力自主，休闲活动将不复存在。在价值追求上，主体性的强弱也是衡量人生境界的重要标准之一。

4. 日常性

休闲哲学与传统的人生哲学有着本质的不同，它旨在通过实践，让人们在日常生活中实现自己的理想、追求和价值观。因此，休闲哲学不仅仅是一种抽象的哲学思考，更是一种以人的行为模式、生活内容、行动风格等为基础来表达自身的人格理想和生活价值的实践。休闲哲学旨在将理想与现实完美融合，以达到超越自我的目标。

（二）西方学者总结的休闲的特征

西方学者从现代社会的精神层面出发，对休闲的特点进行了深入的探讨和总结，主要包括以下几个方面。

1. 选择性

人类拥有强大的主观能动性和复杂的内心世界。因此，当面对各种休闲活动时，人们的选择往往各异，人们会根据自身的喜好、需求以及外部环境，做出最佳的决策，而不是盲目跟风，这使休闲体育的内容变得更加丰富多彩。对于那些拥有良好心理素质的人来说，他们会更加热衷于那些充满挑战的活动，如自驾车远行、蹦极等；而那些身体状况较差的人，则会偏爱那些能够提供充足能量、简单易行的活动，如散步、太极拳等。

2. 自主和创造性

休闲体育是一个充满乐趣的活动，它能让人们摆脱压力的束缚，让人们的精神得到放松、思维得到释放、智慧得以迸发，从而带给人们无限的惊喜和乐趣。

3. 自发性

在日常生活中，休闲活动可能不完全包含“乌托邦”模式所涵盖的所有元素，

---

① 耿雨．中国谚语故事 [M]. 长春：吉林文史出版社，2022.

但它们仍然可以被视为一种自发的、开放的、超越精神限制的活动。这种观念与传统文化中的儒家、佛教、道家思想有着惊人的相似之处，它们都强调了休闲的重要性和休闲的本质。

可以看出，我国传统的儒、佛、道哲学对休闲的认识实际上是一个十足的理想模式，休闲要超越各种束缚，体现人的精神世界和价值，寻求生活的质量和美的体验。这表达出了我国传统哲学思想的追求，即君子忧道不忧贫的精神，返璞归真、顺应自然的境界，随缘人生、淡泊名利的平常心态。

第二节　休闲体育的概念与特征

一、休闲体育的概念

休闲体育是一个广泛的概念，它的定义和实践方式多种多样，并且目前尚未形成一个完整的、统一的定义。尽管休闲体育的概念尚无明确的标准，但它仍然受到了体育工作者的认可。

林志超认为，休闲体育是一种在日常工作和学习之余，通过参加各种有益身心的活动来提升身体素质、改善健康状况、恢复体力、调节心理、培养情操、激发生活热情、提升个人道德修养、满足精神需求并从中获得快乐的活动。它不仅仅是一种娱乐方式，更是一种有益的生活方式，可以让我们在轻松愉快的氛围中度过每一天。①

陈融认为，休闲体育的核心理念应该是放松、愉悦，旨在帮助那些生活在快节奏、充满压力的环境中的人们摆脱烦恼，从而达到一种轻松、舒适、愉悦的状态。因此，参加休闲活动并非只有功利目的，它也可以带来快乐、成就感、满足感。②

王甡、司亮等人提出，休闲体育不仅是一种在闲暇时间里通过各种方式、手段进行身体锻炼的活动，而且还可以成为现代文明社会的重要交流工具，可以丰富人们的生活。③

卢锋指出，休闲体育是一种自由的社会活动形式，它可以让人们在舒适的环

① 薛海红，唐建倦．休闲与休闲体育 [J]. 西安体育学院学报，2001（4）：22-32.
② 陈融．休闲体育兴起的文化意义 [J]. 体育文化导刊，2002（2）：12-13.
③ 王甡，司亮，王喆．开发我国休闲体育市场初探 [J]. 沈阳体育学院学报，2001（3）：74-75.

境中自由选择和参与各种体育活动，是社会休闲活动的重要组成部分。①

尽管不同的人对休闲体育有着不同的理解，但这些理解都具有两个共同的特征：一是可以利用空余时间进行的休闲活动，二是以身体锻炼为主要内容的体育项目。

综上所述，休闲体育是一种自发的、有益身心的活动，它可以让人们在轻松愉快的环境中放松身心，从而丰富生活、增进健康、调节精神。它的内容可以根据个人爱好选择，如球类活动、垂钓、登山等。通过参加休闲体育运动，人们可以获得身心上的放松，并且运动强度不大，能够让人感到轻松愉快，有助于缓解压力、消除疲劳。休闲体育强调的是让人们的心情得到放松、身体得到健康、情感得到释放，从而获得身心的满足。

二、休闲体育的特征

休闲体育可以为人们带来更多的精神享受，让运动变成一种更加轻松、愉悦的休闲活动，让人们能够更好地享受运动带来的快感和满足感。休闲体育通常包括以下几个特征。

（一）自然性

众所周知，人类的生命活动可以分为内部活动和外部活动两种，其中，内部活动涉及身体内部的生理、生化反应，也就是物质和能量的循环流动。为了保持生命结构的完整性，身体必须不断推动消耗过程的发展，同时也要通过与外界进行物质交换来补充损失的能量，即外部活动。这两种活动都是有机体的基础，它们构成了摄取、排出和运动等基本需求的来源。随着人们对运动的重视程度不断提高，越来越多的运动方式也随之出现。作为生命体，人们必须遵循生命运动的基本轨迹，保留生命体本能的需求和活动方式。但是，这些本能需求在个体的社会化进程中被特定的方式所限制，因此，人们会以自己独特的方式来满足这些需求，从而获得更多的快乐和满足感。

（二）参与性

休闲体育是一种充满乐趣的社交活动，它鼓励人们积极参与，从而获得更多的快乐，并且可以通过自身的行为和反馈来表达自己的情感、思想和价值观。只有积极参与，才能够真正体会到自己的心情，并且完整地展现出自我。有人把观

① 卢锋.休闲体育学[M].北京：人民体育出版社，2005.

看体育竞赛和体育表演也纳入休闲体育的范畴，并把休闲体育分成参与型和观赏型两类。笔者则认为，观看或者观赏体育竞赛和体育表演属于文化性休闲的范畴，不能纳入休闲体育的范畴，因为这种方式与文艺表演（如杂技、大型综合性演出等）没有区别。因此，休闲体育应该是参与性的，是活动者亲身实践的过程，是通过非正式的、自发的体育活动来追求身体的放松和舒服。

（三）流行性

在当今社会，人们的物质生活和精神生活都得到了极大的提升，因此，休闲活动也变得越来越受欢迎，而休闲体育活动更是受到了大家的青睐，它不仅能够满足人们的身心需求，更能够激发人们的潜能，推动社会的进步。随着现代社会的发展，新的休闲体育活动项目不断涌现，并且借助传播媒介的力量在短时间内迅速传播到全球，最终形成一个国际性的运动盛会，奥林匹克运动会的举办正是这一趋势的最好证明。

休闲体育的流行性主要从其活动项目的迅速风靡而后又悄然消失中表现出来。一种体育活动可以迅速在一个地区传播开来，成为当地居民放松身心、享受休闲乐趣的绝佳选择。当然，如同其他具有流行性的事物一样，这种体育活动也可能在风靡一时后又很快销声匿迹，取而代之的是另一个让人愉快接受的新的体育项目。

实际上，休闲体育的流行性特征完全取决于人们的自由时间和个性特质。随着人们逐渐拥有更多的自由时间，如何充分利用这些时间以及如何更好地利用这些时间已经成为一个重要的问题，体育活动既有利于身心健康，又有助于打发时间，自然会成为人们首要的选择。然而，人们对活动的选择又是相互影响的，体育项目的流行机制之一就是这种相互影响作用。人们求新求异的意识则是他们不断地放弃旧活动、追求新活动的动因所在，这也是一个体育项目很快流行起来而后又逐渐消失的原因。当然，周而复始是社会事物发展的规律性特征，休闲体育也是一样，可能过了一段时间后，一个曾经流行而后又消失的体育项目又再次流行起来，并且被另外的一代人广泛接受。

（四）时代性

休闲体育活动历史悠久，它源于不同的文化背景，反映出当时的物质文明和精神文明的发展。随着时代的变迁，休闲活动也在不断演变和发展，以满足人们的需求和追求。通过研究历史我们可以发现，不管是什么时代，体育活动都是社会生活中不可或缺的一部分，并且成为人们喜欢参与和享受的休闲活动方式。即使在中世纪（公元 5 世纪—公元 15 世纪）的欧洲，在神权统治下，也很难泯灭和抑制人们追求身体娱乐的需要，他们甚至把武士的打斗也变成了身体娱乐的活动。当然，休闲体育活动毕竟是社会文明的表现形式，在许多情况下与社会科学技术的发展水平密切相关。随着科技的进步，21 世纪的休闲体育活动发生了巨大的变化，今天的休闲体育活动不仅局限于室内，而是将科技、材料革命等因素融入其中，将自然活动纳入其中，如时下流行的户外运动，从而使人们的生活更加丰富多彩。

（五）时尚性

德国哲学家、社会学家西美尔认为，时尚不仅能够让人们感受到社会的支持，还能够让他们感受到个性的差异，从而实现分离、转变以及追求与众不同。因此，他说："时尚是一种阶级分野的产物……新的时尚，整体而言只有较高的等级才能涉及……以此对较低的等级封闭隔绝，它以此来表明成员相互间的平等，并且在同一时刻，表明与处于较低等级的人的差异。"[①]

随着社会经济和文化的飞速发展，参加休闲体育活动已经成为社会的一种流行趋势。一方面，人们通过参加这些活动来展示自身的地位；另一方面，也可以通过这些活动来反映他们与其他阶层的不同之处。因此，时尚感可以被视为休闲运动的一个重要标志。

参与休闲体育活动的人们和休闲体育本身都具有现代时尚的几个重要的双重性特征。例如，休闲体育虽然并不在乎物质的和实际的东西，但又始终离不开那些具体的东西；人们对待休闲体育的态度也包括了积极参与和完全无所谓两种对立的情绪；人们总是想逃避责任却在休闲体育活动中不得不承担责任等。人们参与休闲体育活动时的动机、目的、心态、情感等，通常处在舍勒贝格所表述的时尚的双重性之中。例如，人们在进行休闲体育活动时，总是要遵守活动的规则和方式，但个别人却不愿意遵守这些活动规则和规范，因为这些东西多少形成了一种压力，而休闲体育活动恰恰是力图摆脱各种外在的压力。

（六）自发性

休闲体育是一项充满乐趣、激情、挑战、活力的运动，它不仅是一种放松的方式，更是一种让每个人都能够获得快乐的方式。通过"需要—满足—更大需要—

① 史亚娟．时尚：理论与实践 [M]. 北京：中国纺织出版社有限公司，2020.

更大满足”的活动，主体可以自发地参与，从而获得身心健康，同时也能够获得一种积极的情感体验，进而促进他们的长期参与，形成一个有益的、可持续的、良性的循环。自发性是自觉意识的体现，特别是在社会高度发展的当今时代，休闲已经不只是劳动之余的休息和放松。随着自由时间的增加，休闲已经成为个人生活的组成部分。

（七）层次性

层次性涵盖了多个方面：一是参与者的年龄分布，二是活动内容的复杂程度，三是参与者的经济能力水平。这三种层次的划分有着十分重要的社会意义，展现了休闲体育研究的不同视角和内容。从一般意义上讲，每个人都有其独特的需求和偏好，这些需求和偏好会直接影响他们在运动健身方面的选择。例如，孩子更喜欢那些充满创造力的运动，如滑板、轮滑、小型自行车；青年更偏爱那些具有挑战性和竞争力的运动，如足球、篮球、网球；中年人更看重运动的质量和水平；而老年人更愿意参与那些能够增进彼此之间沟通与互动的运动。一般来说，年龄对于休闲体育活动的划分起着重要作用，甚至可以说是决定性的。

根据个人的运动能力选择适合的休闲体育活动也有其重要性。一般来说，具有较强的运动能力的人会倾向于挑战更加复杂的活动，而没有足够的经验和训练的人则更倾向于轻松愉快的活动。因此，在进行休闲体育活动时，应根据参与者的实际情况，综合考虑各项技术水平，从而确定最佳的方案。

活动方式的经济消费水平不仅体现了个体的社会地位，还反映了他们所处的阶层。有些休闲体育活动明显属于高消费，参与者通常拥有较多的财富，而另外有一些休闲体育活动则可能对个人经济情况有一定的要求，既能显示个人身份，也能表现个人的运动能力；也有很多人更愿意选择那些不需要多少开销就能开心愉快地活动的项目，他们没有太多的钱花在休闲活动中，因此他们也不在乎自己参与的活动被视为哪个层次。

许多形式的消费在刚开始时是奢侈，随着社会的发展，这些形式慢慢变得大众化并逐渐成为必要消费的一部分。休闲体育同样也是这样的一种演化趋势，许多项目在开始时总是少数人参与的活动，在这样的情况下，这些项目或活动完全是个人身份的标志。至少，在一定时期内，这样的项目或者活动通常是一定社会阶层专属的。例如，保龄球兴起初期在我国几乎是白领的运动，能否玩得起首先取决于是否有一定的经济实力。在这段时期，保龄球就是一种区分社会阶层的活动。随着国内保龄球馆的增多、价格的大幅度下调，这种活动开始变得大众化，其原先所具有的社会区分作用也就在大众化的过程中逐渐丧失，成为一般性的休闲活动。

除此之外，休闲体育还有个体选择性、竞赛性不强、以有氧运动为主以及自主性、高度娱乐性、锻炼效果实效性、很强的社会性等特征。其最大的特点是活动主体的自由选择性、活动内容和形式的多样性以及活动效用的综合性。

休闲体育是一种充满活力的群体性体育活动，它不仅可以在轻松愉悦的氛围中提升身体素质，还能够调节心理，培养高尚的品德，满足精神追求，让人们在放松身心的同时享受生活的乐趣。休闲体育与身体教育有着本质的不同，它已成为现代体育发展的重要标志。随着时间的推移，休闲体育的普及程度和规模都在不断提高，并有望成为一股新的体育力量。

第三节　休闲体育的理论基础

一、休闲供需理论

休闲经济是一种重要的经济模式，它旨在通过提供各种休闲产品和服务来满足消费者对于舒适度、娱乐性等方面的需求，提升他们的生活水平并帮助他们获得更多的物质收益，从而推动社会经济的发展。休闲经济是随着人们日益充裕的空闲时间和财富积累而出现的一种新型经济结构。随着全球经济的飞速发展，人们的休闲生活变得越来越丰富，人们拥有更多的自主权，这使得休闲活动变得更加流行，也推动了休闲产业的兴起，并在社会经济中扮演着重要的角色。

需求和供给在微观经济学中被视为两个不可或缺的部分，它们彼此依赖、协调，但也存在着矛盾，这种矛盾的统一正是休闲经济活动的核心所在。需求受到人类的渴望的影响，而供给则受到社会资源的紧张程度的限制，这两个部分的紧密结合使休闲经济活动变得更加丰富多彩。休闲经济活动是一种全新的生活方式，它满足了消费者多样化、多元化、多层次、多功能的休闲活动需求，这些活动可能是由各种营利性、非营利性的休闲组织、企业、政府、社会团体等，通过提供多样化、多功能、多维度的休闲产品和服务来满足不同群体的多样化需求。休闲需求可以被定义为人们渴望获得放松和娱乐，而休闲供给则是为了满足这种需求而提供的环境支持。这里的环境支持不仅局限于市场供应，还是由政府、社会和其他非营利性组织共同构成的社会体系。

本书的基本思路是，通过休闲需求与供给理论，将城市居民的休闲体育行为视为一种需求，政府、市场和社会共同创造出一个休闲体育空间，以引导需求，建构供给，从而实现城市休闲体育供求环境的平衡。这一理论强调研究应该从更广阔的视角来探索休闲体育的影响因素，而不仅局限于经济学上的研究。

二、行为心理学理论

20 世纪初，华生创立了行为心理学，这一学科开创了一种新的心理学理论，它主张心理学不仅要研究意识，更要深入探索行为，以更好地理解人类的行为。所谓行为就是，“有机体用以适应环境变化的各种身体反应的组合，动机是促使个人产生行为的直接原因，而动机的主要来源是内在条件和外在条件两方面”①。在行为心理学中，环境认知理论和行为动机理论是两个重要的概念，它们为我们提供了一个全面而深入的认识，并且是本书的重要参考。

（一）环境认知理论

德国心理学家库尔特·勒温在《拓扑心理学原理》一书中提出了“场论”，研究认为，人类的心理活动与物质环境之间存在着密切的联系，形成一种心物场，而人的行为（B）则是由人（P）和环境（E）共同决定的，也就是说，$B=f(P,E)$，这一重要的理论揭示了环境与情境的相互作用，从而影响着人的行为。凯文·林奇指出，人类的行为与城市意象之间有着密不可分的关系，其中，城市意象由路径、边缘、地区、节点和地标五个基本要素组成，而环境认知则是指人们对这些要素的综合感知和要素之间的关联性和重叠性。人们通过观察和思考来理解城市的空间并基于这种理解来确定自己的位置，从而采取相应的行动。

按照库尔特·勒温和凯文·林奇的观点，休闲行为可被视为一种特定的社会现象，其背后的原因在于人们的思维方式、情感状态、社会关系等因素的影响。因此，休闲行为的发生必须要求人们的思维方式、情感状态及社会关系等都发生重大的改变，从而影响人们的社会行为、社会参与度、社会发展。应采取有效的措施，根据科学的原则和客观的实际情况，让休闲者的活动能够与环境变化相协调。

（二）行为动机理论

每一个行为都有其内在的动机，这种动机既可以是激发个体行为的内在驱动

① 郝玉芳．护理心理学 [M]. 长沙：湖南科学技术出版社，2013.

力，也可以是激活身体能量，从而使个体有动力去实现自身的目标。因此，每一个行为都有其起因性，也就是说，每一个行为都有其产生的动机。行为动机理论认为，人类的需求是由动机驱动的，而动机又会影响人们的行为。因此，社会学家将重点放在研究人类行为的动机、需求以及它们如何影响人类的行为上。

研究表明，行为动机理论在城市休闲与游憩行为的心理层面上得到了广泛的应用，它不仅能够影响人们是否参与休闲，还能够决定时间、地点和活动类型。休闲体育源于人们对身体需求的满足和内在的动机，从而使人们有动力去实现自己的目标。

第四节　休闲体育的价值分析

休闲体育不仅是一种社会文化现象，还具有满足人们日常生活需求的实际效用。它不仅是一种娱乐，更是一种文明，一种精神上的追求。在哲学的视角下，价值可以被定义为一种特殊的关系，它体现了主体和客体之间的相互肯定和否定，也反映出人们的需求，是一种物质性的存在。休闲体育的价值在很大程度上取决于其内在的特性，这种特性既受到其内部的组织架构的限制，又受到其外部的活动影响，并且与个体的需求息息相关。因此，休闲体育的价值反映了其内在的特性，即其能够满足个体的需求并带来积极的社会影响。

休闲体育的价值不仅是休闲体育的社会基础，还是其文化核心。要真正理解休闲体育的价值，就必须全面认识它的价值和作用。只有通过深入了解休闲体育的价值，才能更好地满足人们对于不同类型的休闲活动的需求并为丰富和发展休闲体育文化、促进休闲体育及其相关产业的健康发展做出积极贡献。

一、休闲体育对人的全面发展价值

休闲体育是一种有益于人们全面发展的体育活动，它不仅可以帮助人们改变自己，而且还能够提升他们的身心健康。它既可以让人们感受到自己被改变的快乐，也可以让人们获得身心上的满足。因此，休闲体育对于推动人类自身发展和社会文明进步具有不可替代的意义。

（一）对身体和精神的补偿性

《国际休闲宪章》指出，休闲活动是一种补偿性的活动，它可以让人们在完成日常工作和其他任务后有更多的时间来享受自由。在当今社会经济发展的背景下，人们仍然需要在劳动时间内消耗大量的体力和精力，因此休闲活动显得尤为重要。对于那些拥有自然属性和心理属性的人来说，劳动不仅是一种负担，也是一种个人发展的手段，但它也带来了一定的不自由。此外，社会分工和劳动职业的机械性和终身性也使人们的个性发展变得更加局限。通过休闲体育运动，人们可以摆脱枯燥乏味的工作环境，获得身心上的放松，从而调节、解除和补偿劳动和工作带来的压力，让个性得到充分发展。

随着现代生产方式的进步，人们的体力消耗逐渐减少，但却导致有着"现代文明病"称号的心血管疾病、肥胖症等疾病的发病率上升，这些疾病的发病率与人们的日常饮食习惯有关，并且这些疾病还会对人的身心健康造成严重的影响。因此，我们应该加强对身心的保护，并努力提高自身的心理素质。人们可以通过参加体育活动来提升自己的身心健康，减轻或消除因缺乏锻炼而带来的不良影响。这样一来，不仅能够让人们获得健康的身体，还能够让人们获得快乐的心灵体验。因此，休闲体育是对身体和精神的双重补偿，具有重要的意义。

（二）活动的自主性和丰富性

个人可以根据自身的兴趣爱好、习惯、意愿、能力和体育生活价值观自由选择休闲体育项目并建立起一种适合自身需求的休闲体育生活方式，从而充分发挥自身的主体性，实现自我价值。实现自我价值不仅要求运动技术和形式，还要求运动成绩和水平，强调娱乐性和参与性，在与对手、自然、自我的挑战中寻求一种快乐体验。

休闲体育不仅能够丰富人们的生活，还能为他们提供多样化的运动项目。通过参与各种形式的运动，人们可以与自然和同伴互动，追求宁静，与他人交流沟通，从而满足自身发展的需求。休闲体育不仅能让人观赏，还能让人通过感性的实践形式获得丰富的体验和感受。休闲体育不仅可以让人们享受到快乐，还可以让人们获得有益的教育。通过休闲体育活动，人们不仅可以掌握运动技巧，提高体能，还可以培养良好的人际交往能力，提升自信心，激发团队合作精神，增长知识，从而实现自身的潜能，实现身心的全面健康成长。

（三）对现代人的身心调适

随着工业化的发展，人们对快捷性和效率的渴望日益强烈，导致社会心理压力的增长以及身体活动的减少。由于每个人都在社会中都有一定的行为准则。但是，当这些准则被忽视、被压迫或者受到限制时，就可能引发心理创伤和心理疾病。为了解决问题，维护自身利益，劳动者不得不寻找途径来释放他们内在的情感冲突。弗洛伊德的精神分析理论证明了人们的心理在受到压抑时，会以“快乐原则”为指导，通过社会能够接受的方式释放出来，以寻求快乐的感受。①

休闲体育具有挑战、刺激和冒险性，能够让人们在放松的状态下释放压力。在这种活动中，人们不仅可以实际体会到力量、速度、惊险、刺激带来的丰富体验，还可以通过视觉、听觉、触觉等多种方式深刻地感受到这种活动的魅力，从而实现参与性与观赏性的完美结合。例如，在奥运会、美国职业篮球联赛和世界杯等重大体育赛事的看台上，观众用激动的掌声、热烈的欢呼声来释放压力，缓解焦虑，从而获得快乐。

通过休闲体育，我们可以将身体、精神、智慧、情感紧密结合起来，达到身心健康的境界。当参与者进行休闲体育运动时，他们不仅可以通过完成各种动作来提高自己的技术水平，还可以通过提高运动的速度、距离、方向来增强自己的耐力，促进血液的循环。当人们进行休闲体育活动时，他们不仅可以通过快速、多变的动作来达到目标，还可以通过成功与失败、竞争与合作、顺利与挫折来体验体育运动的乐趣，并且可以获得参与感、自我效能感和满足感。这样一来，他们的精神思想就可以获得超越，从而达到塑造健美身体的目的，同时也可以健全人的心理，达到健心和健身活动的统一。

（四）建立和谐人际关系，解决社会问题

休闲体育不仅是一种放松身心、提升健康水平的活动，还是一种拓展社交圈、增进情感交流的有效方式。它能够消除人们之间的隔阂，让他们在运动场上建立起平等、亲密、和谐的关系，无论身份地位、肤色、贫富、职业、年龄如何，都能够以真诚的心态参与到一场比赛中并为此而欢呼、激动和兴奋。运动是一种休闲活动，可以促进人与人之间的社会交往和情感交流。休闲体育的魅力在于它能够消除隔阂和孤独，建立起平等、亲密、和谐的关系。它有助于重建人际关系，解决社会问题，并且在某种意义上扩大了生活范围和内容。通过休闲体育，人们可以不断地认识他人并重新认识自己，以适应不断变化的环境，增强对社会的适应能力。

参与休闲体育活动可以让人们感受到群体的尊重、遵守规则的尊严、相互关爱和沟通的信任、对新事物的渴望和对美好的追求，以及形成强烈的竞争意识和协作精神，这些都会对现代人的心理健康发挥重要作用。

---

① 白新欢. 弗洛伊德潜意识心理学的哲学探究 [M]. 杭州：浙江工商大学出版社，2016.

（五）美学价值

通过参加休闲体育运动，人们可以提升身体素质，并且这种素质可以通过健美的身体形态来展示。此外，参加休闲体育运动还能让人感受到美的魅力，如自然与物质的对比、静止与动态的结合、平面与立体的映衬、肢体语言的准确表达、技术战术的理解和表现、音乐和舞蹈的融合等。通过休闲体育活动，人们可以增强对美的感知，激发他们对美的追求和创造并将这种美的体验融入他们的审美观念中。

（六）娱乐价值

休闲体育是一种多样的活动，包含许多不同的项目。休闲体育拥有悠久的历史，强调人与自然的和谐共处；注重礼仪，倡导道德规范；注重静态，提倡动态平衡；还注重养生，提倡修身养性。通过这些活动，人们能够获得轻松、和谐的心理享受和超越自我的感觉。休闲体育活动充满了挑战、刺激、冒险、创新和有趣的元素，可以让参与者在激烈的竞争中发挥自己的潜能，展示个性，实现自我价值，从而获得身心的满足与快乐。体育的娱乐性源于它的游戏性。无论一些运动项目多么复杂，规则多么严格，人们都能通过游戏的形式来理解和掌握它。通过这种方式，人们能够获得更多的放松，从而实现真正的快乐。

二、休闲体育的经济价值

休闲时光不仅是一种资源，更是一种宝贵的财富，它可以激发人们的创造力，让他们在身心上得到恢复，并且可以帮助他们实现自我价值的最大化。休闲体育是一种充满活力、乐趣、激情的文化活动，它不仅能够提升人们的生活品位，还能够带来健康、快乐、时尚的感受。在如今物质生活水平较高的社会，休闲体育的价值不容忽视，它不仅仅是一种消遣，更是一种经济资源，可以为社会带来更多的经济价值。

从经济学的角度来看，提升人的素质是提高生产力的关键，而休闲体育则是实现这一目标的重要手段。休闲体育对国民经济的影响可以从两个方面来看：直接经济效益和间接经济效益。直接经济效益可以通过统计“最初投入”的总收入（包括工资、薪水、增补劳动收入、直接税收、非股份经营的纯收入）来衡量，而间接经济效益则可以通过提高人的素质来实现。体育产业与其他产业之间的交互作用是间接经济影响的重要体现，这种交互作用是由于中间投入需求的影响，从而使得从其他产业获得的物品和服务价值得到提升，从而推动经济发展。休闲体育消费已经成为一种重要的消费模式，它不仅涉及人们在闲暇时间内参加体育活动、观看体育竞赛，还包括购买体育服务、实物产品、精神产品等，并且随着经济发展这种消费模式也在不断发展。根据最新的调查分析，当前我国休闲体育消费的重点在体育用品、体育运动、观赏体育等方面。随着我国人民消费能力的不断提升，他们对于休闲体育的需求也越来越大，这将为社会经济发展注入新的活力。

休闲体育是一种极具价值的活动，它不仅是一种休闲方式，还是一种促进社会经济发展的重要手段；不仅是一个娱乐和竞技领域，而且是一个巨大的新兴产业，推动着经济持续增长。休闲体育产业是第三产业的重要组成部分，在国外已取得了长足的进步，但在我国，这一领域的发展仍处于初级阶段。它不仅是经济发展的必然结果，也是社会进步的重要推动力。休闲体育的发展不仅可以促进第三产业的发展，优化其内部结构，而且还能够通过强大的联动效应推动第一、第二产业的发展，从而提升产业结构，促进传媒、旅游、娱乐等行业的发展，推动国家的经济增长。休闲体育的发展可以持续稳定地推动国民经济的发展，并且这种发展将成为我国新的经济增长点，具有不可替代的经济价值。

三、休闲体育的社会价值

（一）促进社会的稳定和发展

近年来，积极和消极两种休闲生活方式的观念已经被广泛接受，但是，如果没有积极、健康、有益的内容来填补空缺，“闲而生危”的情况就会出现。为了更好地了解青少年犯罪的现状，我国社会工作者对 130 名监狱在押的青少年犯人进行了调查，结果表明，87% 的犯罪活动发生在闲暇时间。这表明，个别青少年在闲暇时间里的无所事事和精神空虚，导致他们犯罪。[①] 文明、科学、健康的休闲体育生活方式旨在提升现代人的身心健康，为他们提供一个安全、舒适、有效的释放空间，以缓解压力、缓解情绪，并且能够让他们获得更多的精力和能量，从而实现全新的现代生活目标。

第二次世界大战后，英国政界人士纷纷发表报告，指出人们孤独冷漠的不健康社会心理以及缺乏体育活动的机会是导致犯罪的重要原因。克罗舍尔和阿尔伯马尔在 1959 年和 1960 年的报告中指出，青少年毕业后走上犯罪道路与缺乏休闲

① 袁定华．抓好“闲暇时间”是预防青年犯罪的重要环节 [J]. 法治论丛，1992（2）：38-39.

体育活动有着千丝万缕的联系。1960 年，沃尔夫登体育委员会向英国国会提交的报告显示，缺乏体育设施与犯罪率上升之间存在着密切的联系。[①]20 世纪 70 年代中期，英国地方政府积极投入资源，大规模地改善了体育设施，以满足那些处于低谷的人们的体育需求。1981 年，英国体育理事会推出“行为体育”计划，旨在帮助那些对社会现状持有不满的人们，并且为他们提供体育指导服务。20 世纪 80 年代，法国政府采取了一系列措施来应对当时的社会问题，包括推广体育运动，提供休闲娱乐服务。近年来，随着世界杯、奥运会等重要运动会的举行，全球的犯罪率有了显著下降。例如，洛杉矶曾经是一个犯罪率极高的城市，但在奥运会期间，它的犯罪率却有着明显下降。这说明休闲体育文化可以作为一种榜样来调节和引导人们的社会生活，对社会的稳定和发展起到了重要的作用。

世界卫生组织指出，一个热爱运动的社会其益处已超过健康本身。[②]一个充满活力的社会，不仅能够带来健康，而且还能够减少医疗保健的开支，提升劳动生产力，创造一个健康、和谐、稳定的社会氛围。这样一来，不仅能够提升学校和企业的效率，还能够让人们更有信心地投入休闲体育活动中，从而获得更多的成就。

（二）丰富社会文化生活，整合社会情感

人们在不断发展物质文明的同时也在努力创造精神文明。社会文化的进步不仅能够使人们享受物质生活，还能够使人们体验到精神上的愉悦。休闲体育旨在将生活变得更加艺术化，让人们在运动中体会到快乐和美好并全身心地投入热爱生活和享受生活的状态中。随着经济的发展，人们对体育娱乐和休闲的需求也越来越强烈。

休闲体育活动丰富多样，可以根据参与者的不同状态划分：①观赏性活动，如体育竞赛和表演，以及其他娱乐性活动。②休闲性活动，如棋牌类、垂钓等，以减轻体力消耗，提高身心健康。③运动性活动，它是一种充满活力的休闲方式，不仅可以让人们在室内外都能够得到身心的放松，而且还能够丰富社会文化生活，增进人们之间的相互理解和认同。通过参与运动性活动，人们可以建立起一座桥梁，让社会群体和个体之间的关系更加紧密，从而达到健康、快乐的目的。休闲体育具有娱乐性，它不仅能够让参与者更加放松、愉悦，而且还能够满足人们的健康需求；它不仅可以提升社会的情感，还可以为公众提供一种全新的学习方式，

---

① 董传升，徐拥军，赵宏雯 . 比较体育的多维视野 [M]. 沈阳：东北大学出版社，2005.

② 吴兆祥，宋旭 . 体育 · 健康 [M]. 合肥：安徽大学出版社，2005.

从而推动精神文明的发展。体育不仅是一种休闲娱乐的工具，它更是一种现代文明的象征，正在改变着大众的生活并影响着社会文化。

四、休闲体育的教育价值

如今，休闲体育受到了极高的重视，这不仅是由于社会环境的影响，更是因为体育本身的发展潜力。“Schole”是最早代表休闲的词语，它指的是与人类发展有关的活动，包括休闲和教育活动。休闲体育源远流长，从古希腊时代就开始流传，现在人们对它的认知更加深刻，不仅是对它的理解，更是重视它在现代教育中的重要作用。传统观念认为谋生是为了生活服务，但随着谋生的重要性日益凸显，生活的重要性也随之增强。因此，生活的安排应该更加灵活，以满足不同人群的需求。体育活动虽然也是为了谋生谋职，但随着劳动时间的缩短和闲暇时间的增多，劳动本身的创造性也会得到提升。因此，休闲体育活动应该更多地朝着促进个性发展的目标努力，以满足不同人群的需求，提升社会的整体水平。

通过参加休闲体育运动，人们可以获得丰富的体育和活动经验，这些经验可以帮助他们掌握技能，理解规则，培养价值观，并且能够更好地实践自己的想法。此外，这项运动还可以帮助他们更好地融入社会，特别是对于青少年来说。在许多欧美国家，休闲活动被视为必不可少的课程，而且通常将它们和体育结合起来，以提高教育质量。终身体育的核心理念是让体育成为人们生活中不可或缺的一部分，并且要求家庭、社会和学校都要与体育紧密结合，以便形成一个完整的体育体系。它还要求每个人都有参与体育的权利，并且要尊重个人需求，制定有计划、有步骤的体育管理方案，以便让每个人都能够享受到休闲体育带来的乐趣和快乐。

终身体育的目标：①为社会提供一个健康的环境，让每个人都能够得到全面的发展；②为了应对日新月异的社会变革，培养出具有良好身体素质和适应能力的人；③提升生活质量，丰富文化生活，延年益寿。休闲体育与终身体育有着密不可分的文化内涵，它们在目标上也是一致的。休闲体育的娱乐性和趣味性可以激发人们积极参与，从而培养出终身体育的习惯。

休闲体育教育应该成为现代教育的重要组成部分，它不仅是社会发展的必要条件，也是每个人发展的必要条件。在休闲时间，人们的生活质量将直接影响到他们的健康水平，因此，休闲体育教育应该成为一种有效的教育方式，以促进人们的身心健康。为了提高生活质量和促进身体健康，每个人都应该从小接受良好的体育教育，学习如何在休闲时间锻炼。强调休闲体育教育的重要性不仅可以培养个人的体育兴趣，丰富生活，还能让人们在体育娱乐中放松心情，提升生活品质，避免不良嗜好，为当代及未来社会发展做出贡献。

五、休闲体育的人文价值

（一）人文和体育人文精神的本质

人文主义的世俗文化思潮在欧洲文艺复兴时期得到了广泛的认可，它强调人的价值，认识到人的尊严，反对中世纪教会的专制统治，并且提倡人们通过自身的经历和理性来发展自己的文化。人文精神是一种以社会、文化伦理、文学、艺术等为基础的人类文明素养，旨在激发人们的创造力，让人们能够更好地实现自身的价值，并且拥有更加丰富的文化生活。

近代以来，体育人文精神不断发展，从古代的传统文化教育到近代的体育教育都强调培养人的身心健康，使个体能够得到全面的发展。这一进程不仅仅涉及古代的传统文化，而且还涉及近代的体育教育，它们使体育人文精神更加丰富多彩，更加深刻地影响人们的生活。19 世纪后期以来，体育人文精神便将保障和提升人类身心健康作为最重要的宗旨和发展的核心。

社会文化对体育文化的发展起着至关重要的作用，它不仅仅是一种理论框架，更是一种实践行动，它将人类的智慧、情感、价值观等融入其中，从而推动体育文化的进步与发展。体育文化的核心目标就是保障人们的健康并以此来改善他们的生活状态。体育文化的核心理念是尊重个人的意愿、提倡个性并致力于保障公民的健康与安全。体育人文精神旨在建立一种以人为中心的文化认同，强调保护和尊重人类的健康权利，认可健康对每个人的生活都有重要的意义，并且鼓励人们通过运动来实现自身的健康。

（二）休闲体育与现代体育人文精神之契合

随着社会的发展，休闲体育已经成为一种新的文化形态，它不仅具有人性化、个性化和生活化的特点，而且还能够满足人们对健康的关注，改善生活方式，激发人们的潜能，让他们在轻松愉悦的氛围中享受运动带来的乐趣。因此，休闲体育与体育人文精神之间的联系已经变得越来越紧密，它们的结合将会带来更加美好的未来。

1. 休闲体育是对生存健康的关怀

健康不仅仅是指身体健康，更是指心理健康、社会稳定。1984 年，世界卫生组织在其宪章中提出："健康不仅是没有疾病，还是身体、心理和社会上的完好状态或完全安宁。"[①] 休闲体育是一种将体育锻炼和休闲娱乐完美结合的活动，它不仅可以增强身体素质，还能够通过多样化的身体运动和娱乐活动给人们带来精神上的愉悦，促进人与人、人与自然、人与社会之间健康和谐的关系。休闲体育旨在促进人们身心健康的发展，提高人们的生活质量。

随着"现代文明病"的增多，人们越来越意识到，通过适当的锻炼可以有效地预防心血管疾病，减少肥胖，从而提高身体素质，改善免疫系统，让身心都得到有效的维护。因此，越来越多的人开始在空余的时间里积极参与各种体育锻炼，以缓解不良的生活习惯给身心造成的伤害。随着越来越多的人开始参加休闲体育，他们对于健康的理解也发生了巨大的变化。他们意识到，除了通过运动来维护健康的身体，还有必要培养积极的情绪、完善的思维模式、良好的社交技巧，从而使自己的生活更加丰富多彩。随着时间的推移，休闲体育运动对维持身心健康的重要性越来越突出。

2. 休闲体育可以优化人们的生活方式

休闲体育不仅仅是一种运动，它更是一种文化的积累，是一种提升身心健康的生活方式，它能够帮助人们获得更多的快乐，同时也能够增强个人的社交能力，从而使他们与世界接轨。健康的生活方式应该是一种有益于人类全面发展的生活方式，而不仅仅是一种表面的行为。

通过参加休闲体育，人们能够满足美的需求，并且能够实现个性化的成长。如今，体育已经不仅局限于传统的运动，如跑步、打球和广播体操，它还涉及一些其他形式的运动，如游泳、跳舞和其他娱乐项目。它既能够提升个人素养，又能够帮助人们提升生活水平，从而达到提升生命价值、增进情感体验、享受生活快乐、追求身心健康的目标。随着社会发展，休闲体育已成为一种新的、有效的消遣形式，它不仅可以让人们在有限的空闲时间里获得更多的乐趣，而且还能够减轻因残酷的社会竞争、机械的大规模生产而带来的精神压力，同时也有助于改善由工业化、物质膨胀等因素所导致的不良社会文化氛围，从而使休闲体育文化和社会文化环境、生活方式完美结合。

3. 休闲体育强调对人性的弘扬

西方学者认为，休闲是一种充满活力的生活方式，是人们追求自我价值和人性回归的过程。休闲体育是一种自由选择的活动，旨在满足个人发展需求、提

---

① 张开汉. 医学心理学 [M]. 北京：人民军医出版社，1999.

升身心健康并体现出一定的文化品位。它不仅仅是一种生理活动，更是一种追求身心和谐的体育实践。休闲体育旨在让人们享受运动的快感，而不仅仅局限于竞争，从而让自身成为真正的主体。它旨在满足人们的基本需求，并且致力于保障他们的健康，同时也重视他们的个人价值。休闲体育不仅能够整合并提高人们的活动能力，还能够让每一位个体都能够充分利用、享受、发挥自己的活动能力。

休闲体育不仅能够满足人们娱乐、消遣的需求，而且还能够激发出深厚的文化底蕴。它的核心价值观是人道主义，即抛弃宗教、伦理、权力、财富等外在的物质利益，拒绝任何形式的压迫，让人们拥有更加自由、健康的心灵，追求更加崇高、纯粹的精神境界。休闲体育项目丰富多样，既有挑战性又有刺激性，还有冒险性和新颖性。人们在这个过程中可以充分享受体育运动的乐趣，展示自己的能力，发挥个人才能，获得身心的满足和愉悦。这种身心体验不仅仅是完成任务后的欣慰情感，更是一种自然而又充满活力的、无需受到社会利益驱使的、轻松愉悦的心境。

休闲体育文化以追求健康为核心，以满足人们的全面发展为目标，强调以人为本、以个性为重点，以及以生活为导向，以此来满足当代社会的需求，让人们重新认识自我，激发出潜力，将体育的功能发挥到最大。参加休闲体育活动不仅可以让人们从传统的体育观念转变为更加实际、更加贴近现实的运动方式，而且还能够让人们更加深入地探索体育文化，从而唤醒长期压抑的体育人文精神。此外，这种活动还能够将人道主义原则融入其中，让运动更加贴近大众，同时又能够保障运动者的身心健康。

4. 休闲是体育人文精神的一种回归

传统的体育概念似乎更强调体育的强身健体以及它的教育功能，《中国大百科全书·体育》对体育做了如下释义：“它是有目的、有组织、有计划地促进身体全面发展，增强体质，传授锻炼身体的知识和技能，培养高尚的道德品质和坚强意志的一个教育过程。”① 上述定义忽略了体育还有以轻松娱乐、自由消遣为目的的内涵。

多年来，体育的娱乐和消遣本质一直受到忽视。然而，从发展和实际应用的角度看，体育仍然是一种有益的活动。人们通过参与体育活动，既可以获得快乐，

① 中国大百科全书总编辑委员会《体育》编辑委员会，中国大百科全书出版社编辑部. 中国大百科全书：体育 [M]. 北京：中国大百科全书出版社，1982.

又可以增进团队凝聚力，同时也可以通过参与比赛获得更多的成就感。因此，体育活动既有娱乐性，又有社会意义。在这个过程中，体育不再仅仅是一种实用的工具，而是一种重新定义生命权力和健康权力的方式。它为我们提供了一个探索体育文化真谛的机会。通过休闲体育，人们可以更好地理解体育的文化价值，并且实现对体育的人文憧憬。因此，将休闲体育转向休闲活动是对人文精神的一种重新认识。

第二章　我国休闲体育的发展现状

休闲体育是一种休闲活动。时代的进步必将促进休闲体育发展，而休闲体育也必将成为人们日常生活中普遍的、最根本的需要。本章为我国休闲体育的发展状况，其中包括了四个方面的内容，分别是我国休闲体育发展概述、我国青少年的休闲体育、我国大学生的休闲体育、我国老年人的休闲体育。

第一节　我国休闲体育发展概述

虽然我国的休闲体育研究历史悠久，但是在现代之前多见于官宦、士大夫的日常生活之中。改革开放之前，由于意识形态、经济发展水平以及人们的生存环境等方面的因素，休闲体育一直被排斥在大多数人的生活以外。因此，在我国，当代休闲体育只是在最近数十年才开始出现的。改革开放不但解除了人们思想上的桎梏，而且也为休闲体育的崛起打下了坚实的物质基础。

一、休闲体育在我国兴起的原因

（一）解放思想为休闲体育的兴起解开观念的束缚

改革开放以来，社会生活经历了翻天覆地的变化，我国步入了一个以经济建设为中心、以建设社会主义现代化为目标的社会。社会对人的价值、人的尊严、人的利益和需求的肯定和重视使人民的思想得到解放，主体意识也得到了进一步的加强。

社会气氛融洽、文化生活丰富多彩、娱乐活动多种多样使人们的自我意识得以彰显，在行动上获得了更多的自由。休闲体育是当代生活方式中的一种，受到了社会的推崇和人们的欢迎。随着观念的不断开放，人们对休闲体育的认识也发生了变化，人们逐渐养成了一种文明、健康、科学的体育生活方式，新的、现代的体育生活内容日益得到大众的认可和赞同。人们的体育运动方式已经从过去的以健身为主要内容的单一形态发展成了娱乐、消遣、健身、交际并举的多种形态，从单一的同质向多元的异质转化。在日常生活中，不仅有中华传统武术，还有从外国引入的武术，以及中西结合、创新的各种休闲方式。休闲体育运动已经走进了人民群众的日常生活，受到了广大人民群众的欢迎和全社会的重视。这既是个人发展的需求，又是社会发展的需求。

（二）经济发展为休闲体育的兴起奠定了物质基础

休闲体育是经济发展到了某种程度之后，人们对美好生活的一种向往，代表人们的休闲与社会财富同时增加。在古代，社会的生产力低下，每天都要为获取粮食而努力，没有什么空闲的时候。随着生产力不断提高，人们可以在更短的时间内生产出更多的食品及其他商品，从而减少了工作时间并创造出了休闲时间，直到这个时候，人们才有时间谈论休息、娱乐及其他方面的事情。随着生产力的不断发展，人们能够在更短的时间内创造更多的财富，从而获得更多的空闲时间。科学技术革命带来的生产方式和生活方式的转变，再加上显性文化和潜性文化的作用等，这些因素都会对人的生理体能、文化资质和心理品质产生影响，随着人们的思想文化素养的提高，人们的自我需要和自我实现的要求也随之提高。信息化、工业化、现代化的到来给人们的休闲体育带来了物质基础和时间保证，它可以让人们从保守、封闭、落后的传统生活方式转变为健康、文明、开放的现代生活方式。

作为一个民族生产力水平高低的象征，休闲活动也可以用来衡量一个民族的文明程度，它是人类物质文明与精神文明的结晶，是一种全新的生活方式和生活状态，与每一个人的生活品质有着密切联系。在改革开放的过程中，我国的经济快速发展，这极大地提升了人们的生活水平，在生存资料基本得到了保障的情况下，发展资料也变得越来越丰富，这也为休闲体育的崛起打下了坚实的物质基础。随着人们的空闲时间增多，空闲的品质也在不断地提高，这对人是否能够全面、完整、健康地发展自身产生了重要的影响。

虽然目前尚未实现真正意义上的休闲的目标，但是不管是用日常生活的作息比例来计算，还是用一辈子的劳动和休息的比例来计算，经济发展都为创造休闲休息环境打下了良好的物质基础，人们物质生活支出所占的比例变得越来越小，而将更多的支出转向了非物质的方面，如向文化、休闲方面的消费。尤其是在改革开放之后，经济生活出现了多样化的改变，这使得人们对体育的需要从一成不变的模式中脱离了出来，并且还表现出了对体育消费追求个性化、消费档次高级化、消费心理成熟化、消费能力多样化以及消费导向多样化的趋势。休闲体育是非常个人化的，但是许多休闲体育的方式又非常社会化，需要社会来创造条件。因此，只有在经济快速发展、政治安定的大背景下，社会才能给予人们多元化的文化选择以及娱乐体育的消费模式。

二、我国休闲体育的发展现状

（一）人们对休闲体育的重视程度逐渐提高

伴随着休闲体育理念的不断普及，人们用金钱来提升健康的意识也在不断提高。在工作压力很大的情况下，人们愿意花钱去购买休闲娱乐产品、健康项目，也就是说，他们愿意通过参与各种休闲体育项目来提升自己的生活品质。与此同时，人们逐渐对休闲体育的各种收费有了更深层次的了解，如加入体育俱乐部要缴纳会费、参加体育比赛要缴纳赛费、学习运动技术要缴纳学习费等。

（二）体育场馆、设备状况不断得到改善

有关部门通过对体育场馆的建设和对休闲体育设施的建设，使人们的休闲体育活动环境有了很大的改善。《中华人民共和国 2021 年国民经济和社会发展统计公报》中的数据显示，截至 2021 年末，全国体育场地有 397.1 万个，体育场地面积共 34.1 亿平方米，人均体育场地面积为 2.41 平方米，与 2019 年相比，分别增长 12%、16.9% 和 15.9%。与此同时，国家体育总局与财政部联合，每年都要列支资金 9.3 亿元，资助 1000 多个大型体育场馆，为大众提供免费或低费用的公共服务，让大众参加体育锻炼变得更为方便。① 再加上近些年来，体育娱乐和健身场所的建设也有了很大的发展，对国家的休闲体育项目的发展起到了很大的支撑作用。然而，在对体育的投资和对运动场地器材的建设上与发达国家仍有一定的差距。

（三）休闲体育将重返教育殿堂

我国第一位提出闲暇文化概念的于光远先生曾经说过，我们国家十分重视运动比赛，但是对于运动以外的比赛与游戏，却缺乏足够的研究，我国各大高校没有一门专门的游戏学，也没有一位专门研究游戏学的学者。在他看来，玩是生活中不可或缺的一部分，玩要有文化，玩要高尚，要有玩文化，要发展玩文化。

---

① 国家体育总局 . 数说全民健身 [EB/OL]. (2022-08-08) [2023-05-15].https://www.sport.gov.cn/n20001280/n20001265/n20067533/c24555995/content.html.

1994 年，他在广州演讲时还提出，玩是人的一种最根本的需求，要想有学问，要学习玩的学问，要学会玩的技巧，要发展玩的艺术。[①] 在人们对闲暇生活需求日益增加的今天，我国的闲暇文化将重新回到教育的神圣殿堂，将闲暇运动纳入大学的时代也将随之到来。当前，部分高校的体育部都设立了休闲体育，这为国家提供了一批从事指导、经营和研究休闲体育的专门人才，满足了休闲体育的需求。

（四）休闲体育内容的多样化

目前，在传统项目的基础上，我国休闲体育的内容持续扩大，不仅包括气功、武术、游泳、跑步、徒手操、下棋等不需要花费太大经济投入，并且操作简便的活动，也有对特定场地、设施以及一定的经济条件有要求的现代化运动，如保龄球、健身器材、网球、高尔夫球等。除此之外，一大批追逐潮流的体育爱好者也开始学习西方的休闲体育活动，如登山、热气球、冲浪、跳伞、蹦极和高空走索等，通过惊险刺激的活动来挑战自我、张扬个性、挑战自然。

（五）休闲体育功能的多元化

正如前面提到的，休闲体育的作用是多种多样的，同时，因为它本身的活动特征，我国的休闲体育也可以起到多种多样的作用，如文化功能、娱乐功能、健身功能、社交功能等。

（六）休闲体育参与人员的分层细化

最近几年，参加休闲体育活动的人员在休闲活动项目、场所和内容的选择上存在着显著的差别，并且呈现出了分层趋向细化的趋势：由于社会管理人员有固定的经济收入以及空闲的时间，所以他们大部分参与的是群体性、娱乐性较强的运动，并且经常在公共的健身场地进行；白领高薪阶级的成员，既有资金又有闲暇，他们大部分都会选择一些高消费的活动，如保龄球、高尔夫球、赛马等；蓝领阶级的工作人员，依靠自己的劳动和技术来维持生计，通常会选择花费较少、时间较短、操作简便、效果较好的项目；老年人的收入和时间都比较固定，而且对健康的要求也比较高，所以他们通常会选择一些有氧运动，如散步、门球、太极拳等，而且这些运动的地点大部分都是便于参与群体活动的公共场所。由于没有稳定的经济来源，所以大部分农民选择了下棋、跑步等低消费体育活动，或者到公共福利和体育设施进行体育锻炼。

---

① 于光远．为企业家说话 对企业家说话[M]．南宁：广西人民出版社，1999.

（七）休闲体育活动领域的自然化

如今节奏快、效率高的生活让人们开始想要离开喧嚣的城市，回到自然中去体会人与自然的融洽。当前，在自然界中开展的各种娱乐项目有登山、攀岩、跳伞等。

三、影响我国休闲体育发展的因素

我国的社会发展是一个复杂的演变过程，社会发展对社会生活的各个方面都产生了深远的影响，这里面还包括了体育运动和休闲体育运动。这种影响会以多种形式体现在人们对待休闲体育运动的态度和方法上，同时也会通过他们的态度对其发展产生潜在的影响。

影响我国休闲体育发展的因素主要有如下几点。

（一）人口

随着社会的发展，我国人口在数量、质量和结构上都将发生重大改变，这种改变将对我国的休闲体育运动产生一定的影响。在这些因素中，人口的数量、人口的质量、老龄人口比例增大和城市人口增多对休闲体育的影响最为显著。

1. 人口的数量

人口的数量体现了人口整体的发展状态，同时也体现了人口的发展规律。由于我国是人口大国，因此，在我国的发展过程中，人口问题一直是一个较大的问题。根据《第七次全国人口普查主要数据情况》，截至 2020 年 11 月，全国共有 141178 万人，与 2010 年的 133972 万人相比，增加了 7206 万人。[①] 人口数量的扩张和经济水平之间存在着一种相互约束的关系，这种约束将会对休闲体育的发展造成很大的影响。

2. 人口的质量

随着《中华人民共和国义务教育法》和希望工程的实施，整个社会的受教育程度将会得到显著的提升。提升人民的总体素质、改变人民的生活品质，毫无疑问，将会对休闲体育产生积极的影响。

3. 老龄人口比例增大

根据《2021 年度国家老龄事业发展公报》，到 2021 年底，全国 60 周岁及

① 中华人民共和国中央人民政府．第七次全国人口普查主要数据情况 [EB/OL].（2021-05-11）[2023-05-15].https://www.gov.cn/xinwen/2021-05/11/content_5605760.htm.

以上的老人有 26736 万人，占总人口的 18.9%；全国 65 周岁及以上老年人口有 20056 万人，占总人口的 14.2%。[①]21 世纪初期，老龄化是我国人口发展的一大特点。随着老龄人口的不断扩大，一方面导致社会经济负担的增加，同时也导致社会适龄劳动力的比例降低；另一方面，这也必将导致人们的消费水平和消费结构发生改变，进而对休闲体育的发展造成影响。

4. 城市人口增多

随着我国经济发展水平的提高，我国农村的过剩劳动力将逐渐转向城市。伴随着我国农业现代化和城市经济发展所产生的辐射作用，小城镇及卫星城镇的数量不断增多，城市人口持续增长，截至 2020 年 11 月，居住在城镇的人口为 90199 万人，占 63.89%；居住在乡村的人口为 50979 万，占 36.11%。[②]随着城市的不断扩张，作为“都市宠儿”的休闲体育运动必将得到快速的发展，在休闲体育的组织形式、活动的时间和空间特性、消费比重以及场地建设等方面产生积极的影响。此外，人口就业结构的改变和第三产业在国民总产值中所占比重的逐步提高都会对作为第三产业的休闲体育产生一定的影响。

（二）余暇时间

随着五天工作制的实行、社会服务体系的不断完善、家庭劳动的机械化水平不断提升以及家庭结构的改变，从 20 世纪 80 年代开始，人们的空闲时间在不断增加，这对休闲体育的发展产生了直接的影响。

（三）生活方式与生活水平

休闲体育运动的发展与人民群众的生存质量、生存模式密切相关。进入 21 世纪以来，人们的生活得到了极大的改善。调查结果显示，当恩格尔系数大于 65% 时，休闲型消费才会产生，而当恩格尔系数小于 50% 时，休闲型消费才会表现出稳步、持久的上升趋势。目前，恩格尔系数在 2023 年第一季度为 31.6%。[③]从社会的发展历程可以看出，伴随着生产力的持续提升，人们的休闲生活模式将会变得更加丰富，因为在社会生产中所花费的时间越少，休闲活动便会越多。从

① 中华人民共和国中央人民政府 .2021 年度国家老龄事业发展公报 [EB/OL].（2022-10-26）[2023-05-15].https://www.gov.cn/fuwu/2022-10/26/content_5721786.htm.

② 中华人民共和国中央人民政府 . 第七次全国人口普查主要数据情况 [EB/OL].（2021-05-11）[2023-05-15].https://www.gov.cn/xinwen/2021-05/11/content_5605760.htm.

③ 国家统计局 . 张毅：一季度居民收入平稳增长 消费支出加快恢复 [EB/OL].（2023-04-19）[2023-05-15].http://www.stats.gov.cn/sj/sjjd/202304/t20230419_1938810.html.

某种意义上来说，休闲体育是社会进步的一个重要指标。人们所喜爱的悠闲的生活方式是休闲体育能够存在并发展的外在环境。所以，悠闲的生活方式也成为对休闲体育发展产生影响的一个主要因素。如今社会这种高节奏、高效率的工作模式必然会使人们在精神和身体上都承受着巨大的压力，因此，寻求身体、心理和人格的和谐发展将是 21 世纪人类的普遍需求，也是社会的潮流。

第二节　我国青少年的休闲体育

一、青少年休闲体育概述

好动是青少年的天性，所以，在青少年的业余生活中开展各种有趣的休闲体育运动是十分关键的一部分。大部分青少年参加休闲体育的方式是加入运动社团，或者在学校里进行业余运动。

休闲体育对青少年的影响主要表现在：帮助学生舒缓过度紧张的心情；能使学生摆脱消极颓废的人生；有利于养成优良的生活习惯，培养优良的道德品质；提高人的智力；激发学生的学习兴趣，提高身体素质和心理素质。

一些国家对青少年体育群体做了研究，发现中产阶级家庭中的孩子最有代表性。各俱乐部的青少年成员在性别、社会等级和家庭状况上有明显的相似性，并且很多国家在青少年体育的内容设置和组织管理上也非常相似。

休闲体育运动是一种与日常生活相融合的生活方式。这就要求人们在空闲时要参与到自己喜爱的体育运动中去。休闲体育以促进身心健康、获得个人幸福和提升生命品质作为主要目的，其包含的内容非常广泛，从休闲散步到较高密度的体育活动、从消遣身体活动到极限运动等。休闲体育运动对于提高青少年的生活阅历、促进青少年的人际关系、改善青少年的身体和心理都有着积极的作用。

青少年在休闲时光中有显著的“非体力倾向”。他们经常看电视、上网、阅读休闲类书籍，从而导致视力下降、体质变差，对他们的身体健康造成了很大的影响。因此，要对休闲体育的重要功能进行全面的了解，并使其发挥出积极的效果。人体是所有生活活动的根本，而休闲体育的一个重要功能就是对紧张的大脑工作进行调整，从而提高人体的素质，让自己始终能够拥有充足的能量和健康的身心，从而为人们进入新的学习和工作环境奠定了坚实的基础。

休闲体育运动可以调节青少年紧张的生活。中小学的孩子早上起来赶着去学校，回到家里又赶着做功课，经常忙到深夜。休闲体育正是他们调整与适应紧张生活的一种很好的方式。与此同时，一些试验和社会调查也证实了在日常生活中，运动员以及那些长期参加体育锻炼的人，对于生活节奏的变化具有很好的适应能力。他们不仅可以体验到锻炼带来的乐趣，还可以提高身体对快节奏生活的应变能力和耐受能力。

休闲体育能够让青少年克服对快节奏的生活产生的抵触和焦虑等心理问题，能够让他们的心理状态更加平稳，从而增强他们在这种快节奏的生活中的自信。休闲体育运动对青少年而言是一种很好的缓解压力的方法。休闲体育对青少年的微观生存空间也有一定的改善作用。假如能够培养经常进行休闲体育的好习惯，遵循自己的作息规律，将健身活动融入自己的学习中，那么就能够让人的微观生存空间变得更加丰富多彩。休闲体育运动能拓宽青少年的社交圈，加强他们与人为善、协同合作的人脉关系。青少年可以通过参与各种休闲体育活动，特别是班级的活动，来获得更多的朋友，这为他们的社交创造了一个良好的平台，并且在这些活动中他们还可以学习到如何协调人际关系。休闲体育运动对青少年个性发展具有促进作用。在休闲体育运动中，青少年既能得到快乐，又能提高他们的自信，还能通过比赛的失利来锻炼他们的意志，从而有利于他们的性格特点、意志品质和行为模式的养成。

休闲体育运动对提高青少年的健康观念有积极作用。在休闲体育运动中，通过与自然的亲密接触可以让青少年从家里到外面的世界去玩，可以缓解疲劳。通过与自然界的联系，青少年对自己的身体会有更深刻的认识，这样可以在某种程度上提高青少年的运动兴趣，并有助于养成终身运动的习惯，有效地提高青年学生的体育热情，使他们获得身体和精神上的快乐。

休闲体育运动充实了青少年的闲暇时间。美国有关部门调查了 1135 名美国父母，他们孩子的年龄在 4～14 岁，42% 的孩子每周花在手机上的时间超过了 30 个小时，47% 在 6 岁以下就开始使用手机。① 与此类似，长期使用计算机会对身体造成更大的伤害。计算机会造成电效应、光刺激、噪声刺激等，会对身体健康造成影响，这也属于一种强污染。休闲体育运动能为青少年的业余生活增添许多趣味，丰富他们的业余生活。这些活动能够对青少年在学习中的脑力和体力消耗

① 搜狐网．毁掉孩子的不是手机，而是不够自律的父母和撒手不管的教育方式 [EB/OL].(2023-02-24) [2023-05-15].https://learning.sohu.com/a/645113581_121642619.

进行有效的弥补，它能够让学生摆脱大脑的疲劳感，让他们能够重新获得体力并以饱满的精神状态进行下一次的学习活动。

休闲体育运动拓展了青少年的精神空间。一个人不仅要有生存的空间，还要有精神上的空间。我们应在保证安全的前提下，有组织地安排青少年参与休闲体育活动。克罗舍尔和阿尔伯马尔分别在1959年和1960年的研究报告中说，青少年毕业后就开始犯罪与他们缺乏体育运动的机会有很大关系；定期参与各种消遣性运动，可以增强青少年的自信心，对减轻抑郁、发泄负面情绪、降低犯罪率也有一定的帮助。① 休闲体育运动能为青少年创造出在现实生活中很难接触到的多种不同的空间形态，并且能为他们带来丰富的空间体验。例如，滑冰、滑水、滑草、滑沙、滑旱冰等运动都会对人体的平衡性有好处，让人的神经处于高度亢奋状态。长时间坐在书桌前读书容易引起青少年的厌学情绪，开展适宜的休闲体育运动可作为一种有效的调整方法。

在我国，青少年一年中有大约170天的自由活动时间，因此，对青少年的闲暇时间进行适当的指导和利用会对他们获得充实、快乐、有意义的休闲生活产生积极的影响，对他们的个性的发展和性格的健全起到积极的作用。假如青少年没有很好地规划自己的休闲时间，就很容易被社会上的不良风气所感染，从而导致某些不良的行为。因此，用一种活跃而健康的休闲体育活动来抢占青少年的空闲时间能够促进他们的健康发展。

二、我国青少年的休闲体育现状

（一）我国青少年开展休闲体育活动存在的问题

由于青少年的生活水平日益提高，所以对其进行的体育锻炼的要求也日益提高，虽然我国在这方面有了长足的发展，但也出现了以下几个问题。

第一，给青少年提供的可选择的活动项目不多，并且部分活动的方式比较老套，很多体育项目以及所提供的场馆和设备都太过专业，这使得青少年难以达到专业的标准，所以这些体育项目对青少年的吸引力不大。

第二，青少年运动缺乏娱乐性。因为部分学校没有足够重视休闲体育，所以体育老师在激发青少年体育学习的热情方面也出现了一些问题，最终导致青少年参与体育活动的频率下降。随着年龄增长，他们的身体素质、运动能力也会逐渐

① 白晶光，翟云峰．英美经济与文化 [M]. 哈尔滨：黑龙江人民出版社，2006.

降低，缺乏体育运动会导致他们在生活中更易发生意外伤害，这是一个不可忽视的社会问题。

第三，学生的学业压力很大，家长对学生的学业成绩也有着过高的期望，导致一些青少年在主观上认为缺乏充足的时间是影响他们参与体育活动的主要原因。也有一些青少年对网络游戏产生了浓厚的兴趣，他们将网络游戏当成了一种娱乐活动，这样就占用了他们大部分的闲暇时间。

第四，青少年运动消费情况不容乐观。部分父母只关注为孩子购买服装、饮食、玩具、文具等商品，却忽视了青少年的体育消费，从而导致一些异常的情况，如体育消费花费太少或者刻意花费太多。

第五，成人的体育对青少年产生了巨大的影响，成人的准则与价值观念影响着青少年的体育观念。过于注重竞争的青少年体育运动会带来很多问题，如采取极端的方法而不计后果，或者利用违禁药品来提升自己的表现，这些都是不正确的。

第六，目前，我国青少年运动俱乐部、运动协会等体育团体的数目和规模都较小，参与人员也较少。

（二）影响我国青少年参与休闲体育的因素

青少年的休闲体育在当前社会中存在着一定的阻力，不能很好地开展下去，其制约因素是多方面的。

有研究表明影响青少年休闲体育的因素按影响程度的大小排列分别为社会交流性的制约因素、结构性的制约因素以及内在的心理性的制约因素。但是，从当前的经济水平、社会条件以及潜在的前景来看，应该对青少年参加休闲体育的现状保持积极的看法。杰弗瑞·戈比认为，要想成为一项真正意义上的运动，上述三大限制必须以特定的先后次序加以解决。首先要突破自身的心理限制，然后再去思考社交沟通的限制（社会关系、人际关系等）。这意味着，仅当某人认为他有充分合理的原因来从事一项工作时，他才会把寻找伙伴和寻找有关的信息放在议程上。最终，当这个阶段也能过关的时候，对于个体而言，结构上的限制就更好解决了。而从调查的结果可以看出，对青少年参加休闲体育产生的影响的程度，正好是心理性因素最低，社会交流性因素次之，结构性因素最高。所以，只要正确指导，青少年参加休闲体育的前景是很好的。

此外，影响青少年进行休闲体育的因素还包括经济实力因素、学校体育教育的误区等。青少年学生主要的经济来源还是家庭，所以他们的经济实力处于不足状态，大部分青少年选择学校或社区现有的体育场地器材设施进行体育活动，只有极少数的青少年进行新兴休闲体育项目的活动。这就导致休闲体育与大部分青少年处于分裂状态。在对学生进行体育教学的过程中，学校中有一些认识上的误区。学生参加体育比赛并不仅仅是由个人的观念、需要、条件决定的，还由学生所从事的这项运动的环境水平以及所从事这项运动的其他保障机制和条件决定。因此，在学校的体育教学中，存在项目老套、竞技项目过多、教材难度较大以及技术要求过高等问题，这些都会导致学生对体育活动的学习兴趣慢慢丧失，尽管这些青少年学生已经接受了很多年的学校体育教学，但是他们对健身知识、健身技能的缺乏使得他们没有进行休闲体育的能力，并且他们的健身方法也比较简单和重复。因此，学校在体育教育过程中要使学生掌握锻炼身体的科学方法，养成运动的习惯，树立终身体育的观念。

三、我国青少年休闲体育的实施指导

休闲体育运动的核心是认识生命的意义，体会生命的快乐，提升生命的品质。青少年主动参与休闲体育是他们的一项根本需要，同时也是他们生活中的一个关键环节，用休闲体育来代替对比赛结果过于重视的趋势，可以让青少年自由自在地享受生活。根据当前青少年休闲体育运动的现状和发展态势，应将休闲体育运动纳入健康教育中，具体措施如下。

（一）加强青少年休闲体育的政策法规的制定与实施

加强对青少年休闲体育活动相关的政策、法规的制定和执行，旨在使青少年在快乐、愉快的身体运动中养成体育运动习惯，最后使休闲体育变成每位青少年生活中的一部分。在制定政策和法律时，要尽量避免有强制性的行政措施，而是要将符合休闲体育需求的人文精神注入其中，对青少年的体育权益进行有效的保护。比如，可以建立一个青年运动俱乐部；可以启动一个方案，以激励更多的女孩参与运动；呼吁学校与地方体育团体、体育俱乐部、青少年体育协会进行合作，举办符合青少年身体和心理特征的多种体育竞赛、游戏活动或体育生存技能培训班；对青少年休闲体育运动的组织和管理、指导教师的训练方式和训练内容等进行探讨。

（二）树立科学的休闲观

休闲体现了人在生活中劳动与休息的辨证联系，也体现了除了物质生活还有精神生活，它的内部需求就是要让人们的身心得到最大程度的休息，达到人与自然的和谐统一。所以，要对青少年进行正确的指导，让他们了解到：①休闲并不代表安逸，而是一种休息的需求。②休闲是一种精神状态。所谓休闲，并不是指人们畏惧困难、贪图安逸、无所事事，而是指人们拥有一种积极、健康的心理状态。③要把空闲的时间安排好。

休闲有很多种，但身体才是最根本的。所谓健康，就是一个人所有的脏器都处于一个健全、正常、强壮、充满活力、工作效率高的状态，因此，运动十分必要。但是，根据国家体育总局的相关调查显示，儿童青少年每周参与 1 次及以上体育锻炼的比例为 81.1%，但是，在儿童和青少年中，只有 55.9% 的人经常参加体育锻炼。[①]

因此，各层次的学校都要把党的教育政策和《中华人民共和国体育法》作为一项重要的内容，严格执行各项全国范围内的学生的体育锻炼方案。首先，学校要增加对身体素质的硬件投资。其次，要增加那些低价甚至免费的体育活动。许多青少年喜欢的体育项目大部分都是需要有资金投入的，如游泳、滑旱冰等。再次，学生家庭的经济状况也是千差万别。因此，学校体育健身费用必须是一个很合理的价格。最后，要强化青少年的体能训练，为青少年参与运动提供良好的软条件。尤其要强化对青少年健身活动的引导，可以通过设立健身咨询中心、设立健身指导员、开设科学健身讲座等方式来提供更多的服务。

应帮助青少年树立科学的休闲观，从而使青少年能够得到愉快的运动体验和心理享受。具体措施如下。

1. 增加个性化的运动项目

增加个性化的运动项目可以增强个体的表现能力并提升其得分率，从而展现竞技的娱乐性，让更多的青少年对这项运动产生浓厚的兴趣，让他们能够自己制定比赛规则并选择比赛器材。比如，在竞技比赛中，可以采取扩大球门、减小比赛场地、降低运动器械的难度等措施，这种方式不仅可以让青少年的个人运动潜能得到充分的释放，还可以让他们在休闲体育活动中学会与别人一起合作，从而提升青少年活动群体的整体水平，培养他们的创造力。不能将成人的严肃比赛模式强加在青少年身上，而是要让他们选择自己喜欢的项目，或者对成人的比赛模式进行修改，展示出青少年的个性，让他们在休闲体育运动中得到愉悦的运动经验。

---

① 国家体育总局．国家国民体质监测中心发布《2020 年全民健身活动状况调查公报》[EB/OL].（2022-06-07）[2023-5-15].https://www.sport.gov.cn/n315/n329/c24335053/content.html.

2．突显休闲体育活动的精彩度

休闲体育运动并不排斥体育运动的竞技性。没有了竞技的激情，就没有了竞技的活力，就像是缺少了一条腿一样，是不健康的。一次势均力敌的对战往往能激发出参赛者的热情和成就感，也使得休闲体育运动变得更为刺激。一项兼具竞技和趣味的休闲体育运动，应当避免在比赛中产生一边倒的得分，可以变化参与者的阵容，或者是让弱者一方多一名选手，或者是采取附加强制性的限制条款来对一方进行制约，从而使比赛变得更加有趣。

（三）对青少年休闲体育的活动空间进行拓展

本节提出了对青少年休闲体育空间进行扩展的设想。作为青少年进行休闲体育活动的重要载体，学校体育场馆设施应将青少年作为主要的服务对象，通过举办各种形式和内容丰富的文体活动，可以解决青少年在课外及节假日没有地方进行体育锻炼的问题，还为中小学生在下午放学后提供了进行体育活动的场所和组织保障。

在开发以青少年为对象的休闲体育运动项目时，要将重点放在户外运动上，返璞归真、回归自然。室外运动强调利用森林、山地、湖泊、水库、海滩等天然条件，开展个性化、生活化的运动，如滑雪、野营、漂流、冲浪、远足、划船、游泳、渡海、定向运动等，其特有的休闲性、娱乐性已成为人们的一种追求与渴望，也成为一种消遣的方式。户外休闲体育运动可以使青少年喜欢冒险、追求刺激、渴望新奇的心理得到充分的体现，从而对青少年休闲体育的发展起到一定程度的补充作用，还能缓解他们在学习上所承受的压力。例如，滑板、轮滑、街舞等运动，都是青少年喜爱的活动方式。从安全、经济角度出发，应大力倡导和推广适合青少年参与的户外运动项目。

同时，也要注意传承和完善我国传统的休闲体育运动内容。现在部分青少年更倾向于在现代化的技术环境中玩网络游戏，而对于富有本土文化特点的体育项目却越来越陌生，这固然是社会发展的结果，但是却不利于青少年的健康发展，也不利于他们的团队协作和与社会融合的能力的发展。其实，在我国有很多具有本土文化特点的闲暇运动，如广西壮族的“回音壁”、傣族的“泼水节”等。这些朴素自然的休闲体育活动应该渗透到青少年的日常生活之中，提高青少年的生活趣味，使其更好地促进青少年的身体健康。

（四）给不同层次的青少年提供参与休闲体育活动的机会

休闲体育给青少年创造了一个可以让他们参加娱乐性的体育表演以及具有一

定观赏性的休闲体育娱乐活动的好时机。应该提倡对身体技术没有太高的要求，并且成人和青少年都可以参加的有趣的活动，如时代列车、二龙戏珠、家庭乒乓球赛、游泳接力赛、毽球混合赛等，这些都有助于家长和青少年之间形成良好的关系，对于青少年的健康教育、家庭的和谐、家长与子女的互信与了解都是非常有益的。社区运动是最贴近人类生活的运动类型之一。在社区的体育设施中，要配备有类型丰富的健身娱乐器材并经常组织开展社区趣味运动会等活动，让运动健身逐渐变成社区居民的一门必修课。这既可以促进青少年充分利用自身的运动专长主动地融入社区的休闲体育中，也可以让社区里不同经济状况的青少年在休闲体育中得到同等的机会。

在开展青少年休闲体育娱乐教育的过程中，相关部门和志愿者应制作出具有科学性、大众性的资料，应具体包括电视、光盘、海报等，用浅显、生动、直观的语言或图画等形式，将相关的体育理论介绍给青少年，并对青少年进行引导，让他们能够参与到休闲体育娱乐活动中来。与此同时，还可以利用多种途径，强化对体育指导员的培训，以协助他们更好地引导并组织青少年进行休闲体育娱乐活动。由于青少年在开始进行体育活动时都是由体育指导员完成的，所以指导员的水平对青少年有很大的影响。

（五）探索适合青少年特点的休闲体育活动模式

以青少年在各个时期的生理和心理特征为基础并与青少年的智力、体力水平相联系，应当在选择体育项目、修改体育项目规则、简化体育器材设备、开展体育信息咨询等方面展开深入的研究，让青少年参与到积极、健康的休闲体育活动中去，培养他们终生参与体育活动的习惯，从而建立起一种符合青少年喜好的休闲体育活动模式。

在第一个时期，主要是以模拟动物的行为为主要内容，通过走、跑、走、拍、打、投、跳、踢等各种运动项目，以及一些民间竞赛等形式，使那些没有运动底子的孩子掌握一些运动的基本技巧。在此基础上，加强青少年间的合作，使其在参与各种活动时，能够更好地适应各种社交环境。

第二个时期是以协调为主的体能训练，着重综合体能技巧的训练。可以让青少年自己制定规则并选择合适的器材，或者是对传统体育方式的运动标准进行修订，从而将传统运动项目的规则标准降低。考虑到体质较弱或刚开始运动的青少年，应对器械、设备进行改进，以让其更易于获得运动的满足感，享受到运动的快乐，提升其对运动的兴趣。

第三个时期则是以具有差异性和趣味性的学生为对象进行多元化和趣味性的运动指导。比如，为女生提供健身、舞蹈、有氧运动、游戏等项目；面向寻求体育激情的青少年，开展轮滑、滑板、攀岩、独轮车等项目；爱好水上活动的青少年，可以选择划船、游泳等。

第四个时期以发展其所感兴趣之专长、增加校际运动及团体间互动、经常举办运动演出及比赛等方式来培育体育人才。对具有运动专长的青少年进行指导，以提高其在运动指导、裁判、娱乐活动管理和健康保健等领域的技能，为青少年培养各种运动专长并为其成人后工作、生活奠定良好的基础。

第五个时期应将体育表演和运动竞赛作为良好的平台，通过积极的方式为各个水平的青少年提供展示自己运动天赋和才能的机会，建立青少年体育活动信息中心，发表青少年休闲体育活动的各类信息，如青少年体育夏令营、青少年体育节、女子体育运动会、青少年农业生态运动会等。

第三节　我国大学生的休闲体育

高校毕业生不仅是国家未来的专业技术人员，还是中国特色社会主义现代化建设强有力的后备队伍。健康的体魄是大学生日常学习和以后参加工作的物质基础，但目前部分大学生的健康状况却不容乐观，究其原因，缺乏体育锻炼是一个重要的方面。相对中、小学生来说，大学生可自由支配的闲暇时间也是比较多的，所以，大学生应该更加注重培养健康的生活方式，科学、理性地安排好自己的业余生活，让自己的身体和精神都能得到健康、全面的发展。休闲体育以其独特的魅力成为许多大学生消磨空闲时光的第一选择，然而，目前在高校开展休闲体育还面临许多问题。当前，对高校学生进行休闲体育运动的研究已成为一个非常热门的课题。

一、我国大学生休闲体育概况

在高校，休闲体育应该指的是为了适应当今社会的需求，满足自己的爱好，能够让自己的身心得到锻炼，并且能够调节自己的学习压力，而主动参加的一种非正式的、有组织的体育活动。当前，我国高校休闲体育活动的发展以竞技体育为主、现代健身为辅；传统保健为主、休闲为辅。随着国家教育体制的不断深化，高校以素质教育、终身教育、健康第一为宗旨，对传统的体育教育进行了很多有益的变革与探索，在体育课程方面，如开设选修课、理论课等，都获得了一些成功，全面实施了素质教育，初步确立了健康第一的理念。然而，与其他课程相比，高校的课程改革在整体性、实效性、全面性上仍存在一定的差距。目前最大的问题是教育过于注重运动技巧、体育运动的外表形态以及竞技，很多体育运动没有能够使大学生终身受益的内容。

许多大学生的业余运动仍是以篮球为主，对其他运动要么不擅长，要么毫无兴趣。有调查显示，当前部分高校学生的健身观念比较淡薄。尽管在参加休闲体育运动的学生中，有 71.4% 的学生每周参加 2 次以上，62.4% 的学生每周参加 2 次以上，但是仍然有 5.4% 的学生仅仅是偶尔参加或者不太参加休闲体育运动。① 由于大学生未来可能从事高强度的智力工作，所以一定要进行科学、高效的运动。

在新的历史条件下，以创新为导向的教育变革要求学校教育必须与创新、高质量的人才培养模式相适应。休闲体育运动教学被提上了议事日程。在进行休闲体育教育的过程中，应该对学生的人格进行指导和发展，对体育的作用进行细化，将休闲体育与竞技体育有机地联系起来，让大学生可以尽情体验体育给他们带来的乐趣，为他们实现人生目标奠定坚实的基础。高校应突出人才素质与创造力，确立求知创新、健康第一的办学理念并在此基础上培养学生的运动习惯。所以，高校要大力推进终生体育教育，将重点放在对学生的终生体育能力和生活习惯的培育上，将体育的健身作用发挥到最大，对体育项目进行细化，使其变得更具竞争性。今后的体育课应该从简单的运动技术知识的教授转变为综合反映运动的健身效能、挖掘人的潜能的综合活动，培养大学生的终身体育能力与习惯。

第一，应尽早把休闲体育纳入学校的运动计划。在课程设置方面，应注意时效性、针对性、指导性和时代性，简化纯竞赛运动的内容。比如，武术、游泳、形体操、乒乓球、健身操、爬山、网球、羽毛球等这些都是比较容易开展的，并且和大学生的未来生活有很大关系。在进行教学的过程中，要将理论课程中的卫生教育内容充分考虑进去，注重对大学生的健康行为进行指导；要充分考虑学生的体育兴趣以及他们的主体地位，采取多种形式进行教学；要注意个人的差异与不同的需要，这样才能保证每个学生都能体会体育运动的快乐。应以实现身体的全方位发展为前提，引导学生找到自己有兴趣、擅长的体育运动，教给大学生与之相适应的锻炼方式和相关的知识，从而提高学生的自信心，最终实现终身受益的目标。

① 黎正艳．驻邕高校大学生参与休闲体育的现状调查与分析 [J]. 运动精品，2018，37（10）：45-47.

第二，要在高校的校园生活中全面开展休闲体育运动，开展全校健身活动，同时要强化周末运动的组织与管理。学校应当建立相关的职能部门，如学生处、教务处、体育部、团委、学生会等，多方联动，共同引领大学生的休闲体育活动朝着健康、文明的方向发展，营造出幸福、向上的校园体育氛围。建议在学校中，每一年级都要开设一门体育课，并且原有的教学课时不能再增加，可以将体育课的教学课时和与之相对应的课外休闲体育活动课时进行组合并统一安排，最终构成教师与学生、课内与课外、显性课程与隐性课程有机结合的一体化教育模式。

（一）休闲体育对大学生的重要作用与意义

伴随着知识与信息时代的到来，面对越来越激烈的社会竞争和就业、学习、经济等方面的挑战，人们产生了越来越多的心理压力，越来越多的人出现了各种各样的心理问题。当前，部分高校学生的闲暇生活呈现出盲目、被动、空虚、无聊等状态，为了提高高校学生闲暇生活的品质，应采取切实可行的对策。大学生要想实现自我的价值、提升生活品质、缓解社会生活所造成的种种压力，就必须要通过休闲体育的方式来实现。而休闲体育超脱的、非功利性的特性正好符合了大多数学生回归自然、释放压力的愿望，使他们的身体与外部环境相结合。休闲体育是校园文化活动中的一个主要内容，它既可以让学生身体变得更强壮，还可以推动学生的生长发育和智力发展。同时，因为它降低了竞技体育的功利性，扩展了体育运动的自主性、娱乐性、实效性，提高了体育活动形式的灵活性、活动时间和场所的自由性和运动强度的舒缓性，所以休闲体育可以为高质量的创新人才的培养开辟出更广阔的天地。为了让新时代的社交、精神、情绪、身体、智能五要素的健康教育得以真正落实，高校不能仅仅依靠课堂上的体育活动，并且大多数高校在三年级之后就不再开设专业的体育课，所以，休闲体育应在课堂外培养大学生的体育运动意识。休闲体育具有强大的吸引力和渗透能力，它可以指导大学生进行全面的体育学习，帮助他们更好地学习，还可以为学校创造一个积极、和谐的环境。

1. 休闲体育有助于促进身体健康、愉悦身心

休闲体育以体力活动为主要方式，在活动者的主动意识控制下，可以对有机体的身心产生一定的积极影响。它能将神经的紧张兴奋部位向外迁移，加快生理上的疲倦恢复，实现积极性的释放，进而改进和提升学生的学习效果，使学生的思维更加清晰、敏捷，还可以增强机体的适应能力、免疫力和对外部伤害的免疫力，从而更好地适应今后的生产劳动、生活学习。大学生的学业负担较重，精神

上也承受着较大的压力，在课余时间里多参与一些能够增强身体素质、活跃身心的休闲体育活动有助于大学生的身体和精神获得充分的休息和放松。科学已经证实，有规律的运动可以促进“快乐素”的产生，如内咖肽和脂质过氧化，它们具有调节情绪、振奋精神的功效。从心理学来看，精神上的压力可以通过休闲体育释放出来，让人感觉舒适、愉快。休闲体育最突出的特征就是对身心的调节，既能让学生在生理上得到锻炼与休息，又能让学生在精神上得到放松。休闲体育的内容十分丰富，它具有挑战性、刺激性、冒险性、新颖性、趣味性以及艺术性等特点，可以让人通过各种直接或间接的方式，尽情地体验体育运动的热情与快乐，在展示自己的能力、才华的过程中得到身体和精神上的满足与快乐。

2. 休闲体育有助于完善大学生的个性

休闲体育不仅是一种锻炼身体的方式，同时还是一种自我学习和提高的教育过程。休闲体育运动可以使高校学生形成良好的运动兴趣、树立正确的运动理念、形成科学的运动态度、养成良好的运动习惯。在休闲体育运动中，学生的兴趣爱好、特长和人格特征可以得到发展。这些兴趣爱好、能力特长、方法习惯对其性格的塑造与发展起到了积极的作用。而体育人格的养成将使他们科学、文明、健康地度过自己的休闲时光。

3. 休闲体育有助于提高大学生的社会适应能力

在参与课余运动特别是团体运动时，大学生往往扮演着多种角色，这些角色就像是“模拟”了真实生活中的多种社会关系。学生在参与的过程中会逐步体会、认识和了解各个角色的地位和作用，以及相应的权利、责任和义务。同时担当两个不同的角色，可以帮助大学生更好地了解别人，更好地理解自己，更好地适应新的、快速的、动态的、更高层次的生活方式，从而提高他们的社会适应性。与此同时，大学生在休闲体育这样一个轻松的课外活动的氛围中，可以尽情地展示自己的身体素质和技能，他们的行为、品质、气质、意志等个性特点也可以在有意识或无意识的情况下被展示出来并互相影响，他们的生理、心理和社会意识等都会获得全面的发展，他们追求新、追求美、追求乐趣的愿望也能得以实现，这些对于学生的创新意识的形成有着十分重要的意义。

4. 休闲体育可以丰富高校校园文化

目前，部分高校中出现了一些不良的风气，如沉溺于网络游戏、盲目追求物质利益等。这不仅对学生的身体和心理造成了伤害，还对家庭和社会造成了一些影响。休闲体育活动指的是在业余时间内，以自身的具体状况为基础，可以自由地选择体育项目、时间和方式，按照自己的意志和想法所从事的一种身体运动，这种运动能够让自己处在一种自由快乐的情感体验当中。所以，休闲体育是一项可以愉悦身心、增强身体健康和加强社会联系的体育项目，它可以引导大学生朝着更加健康和有意义的方向发展，进而推动人才的整体素质和精神文明的建设。

5. 休闲体育可以加强大学生的体育消费观念

高校学生在进行休闲体育活动时，应充分意识到其可以提高身体素质和促进身体健康。大学生应对体育消费是人力投资、从事休闲体育是健康投资等健康的体育消费理念有一个清晰的认识并付诸实践。当然，运动的消耗也必须讲究“量入为出”，要有一个合理的分配。

6. 休闲体育可以为大学生做好职业准备

休闲体育的发展方向是以生涯预备为目标的。地质、森林、勘探、水利等领域的同学可以选择登山、攀岩、定向运动、游泳、划船等运动，还能培养出从事旅游业的人才。在此基础上，还可以选择太极拳、龙舟、舞狮子等体育活动，体验传统文化的魅力。

（二）大学生休闲体育的特征

高校大学生的休闲体育运动表现出如下特点。

1. 娱乐性特征

相比于争金夺银的竞技体育，休闲体育体现的是一种轻松愉快的情绪，它并不以竞赛为目的，也不以高强度为目标，更多地是以一种非正式的、自发的运动方式来寻求身心的放松和舒适。

2. 健身性特征

休闲体育运动主要是为了增强体质、使人感到愉悦。从运动的结果来看，一般是一个人的兴趣和意愿越强烈，运动的效果就越好。

3. 自主性特征

休闲体育运动是人们自愿参加的运动，不管是什么类型的，只要是有兴趣、能够实现休闲体育运动的目标就行。

4. 社会性特征

休闲体育是一项多人参加的活动，因此，在活动中人们可以通过多种方式来构建各种信息，其中蕴含着广阔的社会学含义，尤其是在人际交往、关系协调等方面，更是将其社会性表现得淋漓尽致。

（三）大学生休闲体育的组织形式

高校大学生的休闲体育可以通过运动社团（协会）、自发的锻炼团体和个人参与等方式来实现。当前，以足球协会、羽毛球协会、乒乓球协会、网球协会等为代表的大学生休闲体育组织形式已成为大学生休闲体育活动最基础的形态。自发组成的社团多出现在学校里的朋友之间，也有一些在体育上有相同的兴趣的人，因为有相同的爱好，所以他们保持着一个比较固定的健身娱乐项目。我国高校体育教学以个体为主，以武术、搏击和健身为主，但在高校体育教学中，个体体育教学的比重较低。

二、我国大学生休闲体育的现状

高校休闲体育的总目标是培养大学生的体育意识，以提高其体育能力、促进其身心素质的全面发展，使其成为中国特色社会主义现代化建设所需要的合格人才。随着时代的进步，高校对休闲体育的重视程度日益提高，对高校休闲体育教学的需求也随之增加，对高校休闲体育教学提出了新的要求。高校休闲体育教学应建立新的教学观念，对学生的休闲体育意识进行培养，使其形成良好的体育锻炼习惯，为他们的终生健康提供保障，让他们在学校乃至在步入社会的过程中能够积极地利用空闲的时光，在愉快、和谐的氛围中参与各种各样的身体活动，从而达到增强体质、促进健康、恢复体力、调节心理、陶冶情操、激发生活热情、培养高尚品质、满足精神追求、享受生活的目标。要改变学校的休闲体育教学理念，就要根据学生的身体和心理发展的特点，以及他们的实际状况来确定他们的体育教学内容的选取和组织形式、教学训练的方法和手段。

目前，高校学生休闲体育运动的现状和存在的问题主要有以下六个方面。

①在空闲时间中，个别学生将大部分的精力都用在了网络上，因此他们身体锻炼的意识也不强，可以用来锻炼身体、放松身心的时间很少。

②在对休闲体育活动的选择上，不同性别的学生对休闲体育活动的选择存在着不同程度的偏好，男生更喜欢高强度、高对抗的运动；女生更喜欢运动量小、对抗性小的运动，并且大部分学生进行的休闲体育活动缺乏科学性。

③目前，我国高校体育场地设施与高校体育教学现状存在较大差距，严重影响了高校体育教学的开展。

④运动师资的匮乏制约着高校学生对休闲体育运动的热情。作为“准社会人”的大学生，其休闲体育活动同样也离不开校园文化的指导。但是，当前我国部分高校对课堂活动的重视程度较高，而对课余活动的重视程度较低。有些大学生觉得自己的父母辛苦供自己上学不容易，所以自己就应该抓住一切时间来学习知识，而不应该把时间浪费在所谓的运动上。这就造成了大学生缺乏休闲体育活动的能

力和技巧，这也妨碍了他们参与休闲体育活动。例如，有些大学生觉得自己身材矮小，身体不够强壮，没有运动天赋，所以他们平时很少去运动场，除非是上体育课。

⑤高校学生的休闲体育运动具有自主性、选择性、参与性、灵活性、社会性和趣味性等特征，应对其进行有效的监管。当前，在丰富多彩的课外生活中，部分大学生缺乏判断能力，常常是跟着身边的潮流走，潮流过后却觉得不知所措。同时，个别大学生对自己当前的空闲生活感到不满。如果没有良好的生活规划，他们将会花费过多的时光在打游戏、聊天、上街闲逛、在室内闲谈，这样做的意义就不再是为了让自己得到休息、舒缓身心，而成为打发时光的方式。即使是一些大学生进行了休闲体育活动，他们也只是在没有任何规划和目标的情况下被随意地安排，他们对休闲体育缺少正确的理解，这样一种负面的休闲体育态度，导致他们在休闲体育活动中表现出盲目性、随意性和无效性，从而使他们的休闲体育活动的品质下降。

⑥目前，我国高校学生的体育消费水平较低，消费结构较不合理。在消费结构上，物质类的消费占绝对优势，参与性和观赏性的运动项目很少。高校学生休闲体育消费水平偏低，消费结构不够合理，其原因多种多样。调查结果显示，在我国高校学生中，经济状况不允许、场地设施设备匮乏、日常消费品和门票价格过高是制约高校学生体育消费的重要原因。除了以上的原因，消费心理、消费环境、所处的社会环境都是影响高校学生体育消费的重要原因。

三、大学生选择休闲体育的原则

毕业大学生是“准社会人”，是将要步入社会的人，他们需要运用所学知识来适应和改变这个社会。大学生在校期间，如果没有学习到一些关于休闲生活的原则并形成一定的价值取向，也没有养成比较固定的休闲行为，那么一旦步入社会，就可能会缺乏排解生活压力的出口。所谓的闲暇生活，归根结底是个体的自由生活，而每一个个体都有自己的自由生活方式。为了使大学生更好地选择科学、合理、健康和适合自己的休闲体育运动，应该遵守如下基本原则。

（一）休闲体育活动的选择原则

娱乐项目多种多样，花样百出，没有最好的项目，只有自己喜欢的项目。马惠娣是一位有名的消遣学者，她主张消遣的真正含义是“自由、欢乐、意义”，并以“愉快的姿态去做自己喜欢的事情”①，这也是我们在进行休闲运动时应该遵

① 凌允辉．思想道德修养与法律基础 [M]. 北京：中共党史出版社，2006.

守的一些基本准则。要实现这个目标，就要在选择休闲体育的形式时体现出多元化、多层次的特点。大学生应以自己的品位、爱好和需求为依据来挑选最合适自己的休闲体育活动。

（二）休闲体育活动选择的经济原则

休闲体育运动有其自身的经济条件，部分休闲体育运动脱离了经济条件就很难开展。经济基础对休闲体育活动的内容和形式起着重要的作用，也是对个体休闲体育活动产生影响的一个主要原因。所以，在选择休闲体育运动时，必须根据自身的经济情况，对某些高消费的休闲体育运动应该量“财”而行。

（三）休闲体育活动选择的目标原则

现代社会需要的是全面发展、具有多种能力的“多面手”。而休闲体育运动既可以让人的身心得到舒缓，又可以让人的心灵获得升华，还可以拉近人与人之间的距离，促进人与社会的和谐。因此，休闲体育活动的终极目标是实现人的全面发展，而休闲体育活动又是一种可以帮助人们达到全面发展的方式。

四、加强大学生休闲体育活动的组织与管理

为了增强学生的运动素质，应在学校组织开展多种形式的运动教学活动。高校要利用举办体育科技专题讲座、体育沙龙、体育评论等方式来向学生传达休闲体育的理念，将体育健身和保健运动的相关知识教授给学生，扩大学生的视野，这样就可以让学生积极地参加到休闲体育活动之中，并且将参加体育活动当成是一种自身发展的内部需求，促使大学生养成积极向上的体育生活方式。

高校应在实践中创造良好的学习环境，提高学生的学习能力。应推进体育生活化，积极创造体育锻炼氛围，让学生自觉或不自觉地投身于体育锻炼之中，让体育融入学校的生活之中，让体育真正变成大学生的一种生活需求并通过这种方式来培养他们的体育行为。要通过举办形式多样、内容丰富的课外体育活动将大学生的体育文化活动向健康文明、快乐向上的方向发展，推动大学生的休闲体育活动时尚化、生活化。应加大运动社团的建设与经营力度。运动社团是近年来在高校里兴起的一种新兴的大学生体育社团。由于它符合我国目前的国情和高校体育发展的现实，因此，它在我国许多高校都得到了推广。与此同时，体育俱乐部具有一种看不见的凝聚力，它将许多有着相同兴趣、相似爱好的成员团结在一起，组织了各种对身体和心理都有好处的体育活动，这对增进同学之间的交流也有很

大帮助，能够很好地激发学生参与到体育活动中的热情和互动性。在此基础上，各高校的体育功能机构要主动与学生工作机构合作，根据自身的具体情况强化对体育社团的管理，从而推动高校的休闲体育活动不断发展。

除此之外，高校也要加强对体育场馆和设施的开发、利用和管理，各高校要意识到加强体育场馆和设施建设的重要意义，加大对学校体育场馆和设施的投资力度，加大体育场馆和设施的建设力度，以使更多的大学生参与到休闲体育运动中来。在此基础上，要加强对体育场馆设施的管理、开发与利用，充分利用体育场馆设施的优势与作用来推动校园体育的发展。对于场地设备比较好的学校，还可以构建收费服务机制，对社会开放体育场馆，为社会提供一些短期或长期的培训，让大学生主动参与到社会体育等大众健身活动中，让他们变成社会体育的引导者，从而对休闲体育的内涵与外延进行丰富和拓展。

第四节　我国老年人的休闲体育

随着社会的进步，人们的生活习惯也发生了变化，医疗保健措施的完善以及人们观念的转变使人类平均寿命在不断地增长，许多国家人口的年龄结构正逐渐发生变化。西方已有不少国家进入了老龄化社会，老年人的生活和健康问题日益突出。我国已向老龄化社会迈进，老年人占整个人口比例的数字将会越来越大。因此，老年人问题，其中包括老年人的生活方式、社会保险、医疗保险以及身体健康等，是全社会不可忽视的问题。老年人健康是老年学研究的一个重要方面，而与健康有直接联系的身体锻炼和休闲娱乐活动方法，又是保障老年人身体健康的主要内容之一。老年人有大量的闲暇时间，有效地度过这些时光，对老年人的身体和心理健康都有很大的好处。

一、我国老年人休闲体育的现状

老年群体在休闲体育时间的支出上多于其他年龄群体。对老年人来说，孩子基本上都已就业成家，抚养下一代的使命基本结束，工作上基本无压力或已退休，他们的休闲时间最长。在休闲体育时间方面，老年群体平均每天用于体育锻炼、室外散步和下棋的时间远远高于其他年龄群体。许多调查结果也证明老年群体是参与休闲体育的时间最长的群体。一方面是由于老年人的闲暇时间本身就比其他年龄段的人要长，另一方面也反映了老年群体把健康的价值放到了更重要的地位，如何通过休闲体育丰富余暇生活、消除孤寂、防病治病、延缓衰老、保持自身的健康长寿是他们最为关注的话题，也最愿意为此花费时间，这也反映了年龄越高，对健康问题考虑得越多的趋势。有数据显示，我国年龄在 80 岁以上的老年人中，仍有 14.7% 的老年人经常参加体育锻炼。①

二、老年人的休闲体育活动简介

适合老年人身体锻炼的休闲体育项目多种多样，如散步与慢跑就有很好的健身作用，特别是对冠心病、高血压、肥胖和糖尿病等常见的老年病有良好的防治作用。打拳、做操可使老年人增强体力，改善运动素质，对健康大有裨益。各种保健功和医疗体操均有助于防治老年病，如颈椎病、肩周炎和腰腿病等。另外，老年人只要有条件、有兴趣、有基础、身体状况许可，还可以参加一些非直接对抗性的运动项目和娱乐活动，如游泳、登山、郊游、网球、门球、垂钓、乒乓球和自行车等。老年人可根据自己的爱好、健康情况选择其中几项并持之以恒，必将有助于身心健康。

休闲体育的项目很多，在此仅选择其中几个适合老年人特点的项目简要介绍，具体如下。

（一）跑步

跑步已成为现代生活中人们防治疾病的有效手段。跑步，特别是慢跑，能增强心脏功能，预防心血管系统疾病。研究表明，慢跑可加速脂肪的消耗，减少体脂储存，通过降低血液中的胆固醇及三酸甘油酯，提高高密度脂蛋白，舒张冠脉直径，达到防治高血脂、高血压及冠心病的目的。慢跑还可增强呼吸、消化、肌肉的功能。国外学者研究表明，40～81 岁长跑者的最大吸氧量比一般同龄人要高 25%～30%；慢跑时吸进体内的氧气要比坐着时多 8～12 倍，肺部的通气量提高了 10 倍左右。② 同时，体内的含氧量也会随之升高，从而增强人体的代谢能力，同时也会增强对肠道的消化和吸收能力。跑步也可以锻炼身体的每一块肌肉，提高肌肉的力量，同时也可以调整神经系统的机能。长时间的跑步运动可以预防老年肺气肿、老年肌肉萎缩、便秘及消化不良等症。国外还把慢跑作为肥胖症、孤独症、失眠症、忧郁症及虚弱症的辅助疗法。

---

① 国家体育总局．国家国民体质监测中心发布《2020 年全民健身活动状况调查公报》[EB/OL].（2022-06-07）[2023-05-15].https://www.sport.gov.cn/n315/n329/c24335053/content.html.

② 卢锋．娱乐体育 [M]. 北京：人民体育出版社，2003.

（二）登高

登高是人体克服自身重量而向上走的一种运动。登高的种类很多，适合老年人的有爬山、登坡、登梯等。登高是一项运动量较大的活动，对人体作用的机理在于：在登高过程中，由于动作的多样化，身体各部位活动的广泛性，对各部位的肌肉、关节、骨骼是一个很好的锻炼。除了耐力锻炼，各部位间的相互协调性和灵活性也能得到发展。由于肌肉的剧烈运动，机体对氧的需求量增加，为了缓解组织器官缺氧，心肺功能则进行代偿，表现为心跳变快、心排血量增加。因此，登高运动不仅可明显地提高心肺功能，而且具有强筋壮骨的功效。

（三）垂钓

钓鱼是一种陶冶身心的休闲活动，在我国有着悠久的历史。俗话说："要想身体好，常往河边跑。"这充分体现了钓鱼运动对人的身体的影响。钓鱼可以提高人体机能。当垂钓爱好者远离城市的嘈杂，置身于山清水秀的河流、湖泊、海洋之中时，会感到身心舒畅。之所以如此，是因为这里的空气中充满了负离子。当这些负离子被吸入体内时可以与人体内的血红蛋白、钾、钠、镁等正离子相结合，增加了人体内的氧气含量和养分含量，让人体感觉舒服，充满了活力。

垂钓可以帮助防治肩周炎、消化不良、颈椎病、肺气肿、支气管炎、慢性胃炎、消化性胃溃疡、习惯性便秘、慢性肝炎、高血压、冠状动脉供血不足等疾病。一些病症如肩周炎，可以通过抛竿、甩钩等方式，将与之相连接的肌腱进行松解和分离，从而达到治疗效果。还有一些疾病如慢性支气管炎、一氧化碳（煤气）中毒、脑动脉血管硬化等，都可以通过负离子的方式进行治疗。这是一种更舒适、更安全、更经济的治疗方式。

同时，作为一项综合性的体育项目，垂钓不仅伴随着越野、采集、骑车、登山、远足、探险等多种体力活动，还能拓展和应用文学、水文、气象、生物、地理、历史等多种学科的知识。今天的垂钓已经变成了集运动、娱乐和休闲于一体的，可以增添乐趣、陶冶情操的综合性休闲体育活动。近几年来，随着离退休人员增加，钓鱼协会在全国各地相继成立，会员达到几百万人之多。对于老年人来说，钓鱼是一种很好的养生方法。

（四）太极拳

人的体能是有限的，但人的知识能力则是无限的，在特定条件下，精神力量可以变成物质力量。太极拳就是把精神和思想的锻炼放在重要的位置，通过经常性的意识指导来锻炼自身对外界环境的适应能力，这样身体必然得到有效的练习，使肢体的运动听从思想的支配，精神、思想和意图可以通过肢体的运动来体现。太极拳就是要使有限的体力得到合理的运用并注重效果。

太极拳练习对许多慢性疾病，特别是对诸如高血压、心脏病、慢性肠胃炎、慢性肾炎、糖尿病、慢性肝炎、肺结核、气管炎、哮喘、关节炎和神经衰弱等病症有明显的治疗效果。当然，不同的疾病患者在锻炼方法上应有所区别。因此，在医生或有关人员的指导下，针对个人的身体状况和病情制定锻炼方法，这样会效果更好。

太极拳对于老年人来说，可起到强身健体、帮助康复的作用。太极拳又是一种具有趣味性的运动，练拳时周身会感觉舒服，练推手时会感觉到精神焕发，是很适合老年人参加的休闲体育项目，也是一项实用性很强的健身活动。

（五）门球

门球是一项健康、高雅、实用的休闲体育活动。由于门球的休闲性质，所以这一项目非常适合老年人，在老年人群体中极为流行。据统计，在我国城市中的老年人群体中，参加门球活动的人数已达百万人。

门球具有一定的竞技性，对身体条件的要求不高，活动量不大，动作无太大难度，技术容易掌握，是一项集娱乐、休闲、健身、益智为一体的休闲体育项目。门球具有户外性、集体性、自娱性、简便性等特点。

从门球的特点来看，这是一项活动量不大、有一定技巧、方便易学的“轻体育”项目。因此，门球大体有以下几方面的作用：强身健体、悦心寄情、锻炼智力等。

（六）甩手运动

甩手运动动作简单易操作，不需要场地和器材，以晨练为最佳，不宜在空腹、饥饿、饱餐时锻炼。甩手前，身体站直放松，两眼平视前方，两脚分开，与肩同宽，两臂自然下垂，两掌心向内；甩手时，两臂与身体的垂线之间角度不要超过 60°，后摆时与身体的垂线不要超过 30°，一般每回练习可摆动 100～150 次。甩手时要全身放松、心平气和、呼吸自然、愉悦轻松。动作结束后，要做整理、放松运动，如伸展活动、原地踏步等。

三、老年人参加休闲体育活动的注意事项

鉴于老年人的生理特点和心理特点，所从事的体育锻炼项目和要求不可与年

轻人相提并论，更不能采取激烈竞争和身体对抗的方式，否则对老年人健康不但无益，反而有害。因此，老年人在进行休闲体育活动时，应注意以下事项。

（一）循序渐进，持之以恒

老年人从事任何形式的身体锻炼，在运动项目和休闲活动方式上都必须注意循序渐进。老年人关键要在于能持久坚持参加各种锻炼活动，最理想的是每天都有规律地进行身体锻炼，每周参加体育锻炼不能少于两次，否则锻炼效果会消失。

当然，老年人在进行身体锻炼和从事休闲体育活动时，也应当注意人体机能的适应规律和人体生理机能活动能力的变化规律，并且，老年人还应注意随着年龄的增长和机能的减退，活动量应相应地减少。

（二）量力而行，心情愉快

老年人参加休闲体育活动和身体锻炼时必须遵循量力而行的基本原则。量的掌握应以不感疲倦和无不适感为宜，活动时注意调节运动量和活动范围，如感觉疲劳和吃力，就应适当休息或减少运动量；如果对某一项目不能适应，就应更换项目。

（三）医务监督，保证效果

老年人的体育锻炼必须尊重科学。锻炼之前应做全面的体格检查，根据自身状况以及医务人员的建议选择活动项目并确定适当的运动量。患病期间不要从事体力活动，应及时抓紧治疗。

运动量要因人而异。对老年人来说，适量运动、适度掌握十分重要，特别是对患有心脏病、高血压等病症的老年人，运动尤应适宜。不能向老年人推荐剧烈运动项目，而是主张适量运动。

第三章　我国主要休闲体育项目

我国是一个休闲体育大国，我国休闲文化厚重，中华民族的休闲体育项目众多。但我国目前还不是一个休闲体育强国。在我国从体育大国走向体育强国发展的过程中，休闲体育具有十分重要的作用。本章为我国主要休闲体育项目，主要介绍了四个方面的内容，依次是传统休闲体育项目、时尚休闲体育项目、竞技休闲体育项目、极限休闲体育项目。

第一节　传统休闲体育项目

一、舞龙

舞龙又称龙舞、龙灯，是中华民族传统的体育休闲活动。每逢佳节、盛会，人们便会在长街广场和街头湾边舞起龙灯，以增添欢乐喜庆的气氛。舞龙也构成了中华民族民间传统文化的重要组成部分，其历史悠久，源远流长，内容丰富多彩，伴随人们走过了漫长的岁月。

舞龙运动一直是民间百姓欢庆佳节的重要娱乐活动。近几年，在国家体育总局的领导下，各地有关部门通过挖掘整理和试办各种舞龙比赛使传统的民间舞龙发展成为集舞龙、武术、技巧、艺术等为一体，寓身体锻炼于精彩表演之中的群众休闲体育活动。同时它也成为当前我国推行全民健身计划、增强人民群众身心健康、推动农村体育运动开展的重要大众体育项目之一。国家体育总局于 1995 年 2 月将其列为全国正式比赛（四类）项目并批准成立了中国龙狮运动协会，出版了《中国舞龙竞赛规则》，创编了中国舞龙运动竞赛规则，使舞龙运动进一步规范化。

二、抖空竹

空竹也称空钟、响筝、空筝，南方一般将其称为扯铃。由于空竹在练习时不停地抖动旋转，所以玩空竹也叫抖空竹。抖空竹是我国独有的民族体育运动之一，不仅是休闲体育运动，也是一种优美的艺术表演，很具观赏性，它同其他传统休闲体育项目一样，应该加以挖掘、整理、继承和发展。

作为民间传统的休闲体育活动，抖空竹在明代得到了广泛的流传。《帝京景物略·卷二》中有："杨柳儿活，抽陀螺；杨柳儿青，放空钟"，说的是春天适宜抖空竹；还有民谣"空钟儿响，鞭竹儿爆，正月十五又来到"①，春节期间抖空竹的习俗一直延续至今。练习时变化无穷的动作十分具有观赏性，练习所发出的嗡嗡声响又增添了不少节日气氛。

空竹分为单盘和双盘，单盘由一轴一盘连接组成，轴的空端另有一个小的弧形凹状；双盘由一轴两盘连接组成，抖空竹时，手持两根中间以细绳相连的小竹棍，以细绳绕空竹轴的中间弧形凹状处来回扯动即可。

一个小小的（一般玩的空竹约200～300克，也有为了练劲把空竹做得比较大，从1千克到几千克的都有）上下飞舞的空竹，玩者用上肢做提、拉、抖、盘、抛、接；下肢做走、跳、绕、落、蹬；眼做瞄、追；腰做扭、随；头做俯仰、转等动作，要在最有利的一刹那来控制它，在空中完成各种动作，过早过晚都要失败，这就需要做到反应快、时间准、动作灵敏。因此，抖空竹有利于提高人们的反应灵敏度和动作协调的能力，抖空竹使上下肢的关节、肌肉、韧带都能得到很大的锻炼，同时也使腰部得到锻炼。而跳跃时，不但要跳，腰部动作也很重要，上肢随同摆动，有时颈部也要运动。由此可见，抖空竹是一项全身运动，有时还很激烈。经常参加这项运动不仅可使上下肢肌肉、韧带富有弹性，关节灵活，而且可使心、肺系统得到全面锻炼，起到增进身体健康的良好作用，对身心健康极为有益。

抖空竹运动量可随意控制，可视自己的体能来确定运动量。不必与人争抢冲撞。不受场地限制、占地小、器具简单、投资少，男女老少都可参加。其抖法多种多样，有单人抖、双人抖、多人抖，还有正、反、花样抖等一百多种玩法。抖空竹寓游戏于运动之中，只要玩得开心，合理掌握运动量，不但能够达到强身之目的，还能享受到其中的乐趣，其锻炼效果能与慢跑、游泳、骑车、划船、爬坡、越野和徒手体操相媲美。青少年可以对高难动作进行练习，增加户外活动作为电脑游戏的补充，老年人和慢性病患者可以练习不太激烈的动作，坚持下去大有好处。对老年人来说，腰腿不便是常见的慢性病，抖空竹可以锻炼腰和四肢，如经常适度抖空竹对舒筋活血、益寿保健有一定的效果。

---

① 张群力，唐建忠，吴智林．户外休闲体育研究[M].哈尔滨：东北林业大学出版社，2007.

空竹于近几年有了很大的发展，按功能分有电子空竹、盘丝空竹和普通空竹；按材料分有竹制、木制、工程塑料、金属和橡皮空竹以及这些材料复合组成的空竹；按玩法分为单人玩的空竹和双人玩的空竹；还有一些根据个人喜好制作的多层和宝塔型（风鼓）空竹。这些空竹总的来说可分为两大类，即单头空竹和双头空竹。

三、龙舟

古文献中最早有龙舟记载的是公元前318—公元前296年。关于龙舟竞渡的起源众说纷纭，流传最广的是源于纪念楚国爱国诗人屈原。公元前278年农历五月初五，爱国诗人屈原因政治主张不被采纳，反遭小人诬陷，含恨抱石自沉汨罗江。楚人怜之，纷纷驾船争逐江上相救。以后这种说法传播得越来越广，是各种传说中影响最大的传说。随着历史的推移，龙舟竞渡逐渐从民间地方习俗演变成具有官方色彩的专业竞技活动，形成有章法、有规范的龙舟体育文化并传播到世界很多国家和地区，在浩瀚的世界体育大观园中占有一席地位。南宋时，已有民间大型龙舟竞渡；明清时，官方和民间的端午节赛龙舟活动更普遍。现如今，我国各地每年都定期或不定期地举办龙舟赛事，水平不断提高。

如今全国龙舟活动空前活跃，有江河湖海水域条件的各省市举办龙舟活动较为频繁。据报道，仅福建就有龙舟千余条，每年的赛龙舟观众多达百万人，并且，全国龙舟大赛已有女子龙舟队，这更是传统龙舟史上的一大创新。20世纪80年代，龙舟被国家体育部门列为正式的竞赛项目，国际龙舟联会和中国龙舟协会相继成立，古老的龙舟习俗翻开了崭新的一页。

随着龙舟活动的广泛开展和运动员技术水平的不断提高，我国举办的龙舟大赛也越来越多，特别是在1997年香港回归之际，香港举办了国际龙舟邀请赛，来自全球各地数十个国家和地区的龙舟队参加了比赛，参赛的队伍之多，场面之大，可谓盛况空前。中国广东龙舟队一举夺取了冠军，为香港回归祖国添上了喜庆的一笔。龙舟活动已成为受人们欢迎的节庆休闲体育活动之一。

四、风筝

风筝的起源可追溯到两千多年前的春秋战国时期，由于战争的需要，古人以鸟为形，以木为料，制成可在空中飞行的木鸢。木鸢产生于战争，它随着我国丝织业和造纸业的发明不断演变发展。大约在公元12世纪，我国风筝传到西方，从此，这项古老的活动在各国的发展中形成各具特色的风筝文化。

我国古代有许多关于风筝起源的传说和典故。春秋战国时期，东周哲人墨子曾费时三年，以木制木鸢，飞升天空，但只飞了一天就坏了。墨子制造的这只木鸢就是我国最早的风筝，也是世界上最早的风筝。

直至东汉的蔡伦发明造纸术后，坊间才开始以纸做风筝，称为纸鸢。因此可以推断，我国风筝已有两千年以上的历史了。

墨子把制风筝的技艺传给了他的学生公输班（也称鲁班），《墨子·鲁问篇》中说，鲁班根据墨翟的理想和设计，用竹子做风筝。鲁班把竹子劈开削光滑，用火烤弯曲，做成了喜鹊的样子，称为木鹊，在空中飞翔达 3 天之久。

最初风筝常被当作军事工具，用于三角测量信号、天空风向测查和通讯的手段。例如，春秋时期鲁班就“制木鸢以窥宋城”①。

公元前 190 年，楚汉相争，汉将韩信攻打未央宫，利用风筝测量未央宫下面的地道的距离。而垓下之战，项羽的军队被刘邦的军队围困，韩信派人用牛皮做风筝，上敷竹笛，迎风作响（一说张良用风筝系人吹箫），汉军配合箫声，唱起楚歌，涣散了楚军士气，这就是成语“四面楚歌”的故事。

在正史中也有关于风筝的记载，如南朝的侯景之乱。据《侯景传》中所述，在梁武帝三年时，候景作乱，叛军将武帝围困于梁都建邺（今南京），内外断绝，有人献计制作纸鸢，把皇帝诏令系在其中。当时太子简文在太极殿外，乘西北风施放向外求援，不幸被叛军发觉射落，不久台城即遭攻陷，梁朝从此衰亡。这就是简文施放风筝向外求救不幸失败的故事。

在唐代，被用于军事的风筝已逐渐转化为休闲用途，并在宫廷中放风筝。

五代时期是风筝正式得名的时期。亳州刺史李邺在纸鸢中装制竹哨，风入竹哨，声如筝鸣，纸鸢由此得名风筝。

宋代是我国风筝的发展阶段，宋代百姓把放风筝作为锻炼身体的体育项目，他们在清明节时，将风筝放得高而远，然后将线割断，让风筝带走一年所积之霉气。

明代以风筝载炸药，依“风筝碰”的原理，引爆风筝上的引火线，以达到杀伤敌人之目的。

在清代，清明时节荡秋千、放风筝在民间普遍兴起。清末是我国传统风筝在内容、题材上有较大发展的时期。宫廷与民间的风筝发展迅速，不仅制作精良，

① 刘德龙，杜明德，牛亚慧．民俗 [M]. 济南：山东友谊出版社，2008.

而且品种增多，出现了造型新颖的字风筝，使风筝有了新的形式和内容，吸引了成千上万的百姓观看放风筝，为我国风筝的发展开辟了广阔的道路。

近年来，风筝更是越来越受到人们的喜爱，成为人们春游踏青的必选休闲活动。除了原来的双线风筝，现在也演变出了三线、四线的技术风筝或特技风筝等多种类型。

五、秋千

秋千也称打秋千、荡秋千，属于少数民族传统体育项目，历史悠久，主要在我国北方地区和西南少数民族区域流行。我国朝鲜族、满族、蒙古族、白族、壮族、苗族、哈尼族、阿昌族、维吾尔族等少数民族地区的秋千活动已经成了固定的节日或节日里固定的休闲活动项目。其中，尤以朝鲜族的技艺最为高超。

秋千在春秋时代已有出现，也有相传是汉武帝为求千秋之寿而逐步形成的游戏。荡秋千风俗曾盛行唐宋，唐代《秋千词》中有“长长丝绳紫复碧，袅袅横枝高百尺。少年儿女重秋千，盘巾结带分两边。”[①] 到了明清，《济南府志・风俗考》中有“清明，插柳、簪柳、妇女归宁作秋千之戏。”[②] 秋千也曾是宫廷中的一项娱乐活动，刘若愚的《酌中志・明宫史》中写道：“三月初四日，宫眷内臣换罗衣。清明，则‘秋千节’也，戴柳枝于鬓。坤宁宫后及各宫，皆安秋千一架。”[③] 后来，最初在宫廷仕女中所流行的秋千慢慢传至民间。

目前常见的秋千可以分为两种。一种是以朝鲜族秋千为代表的单一踏板秋千，另一种是南方少数民族地区常见的圆形多个踏板秋千，如“轮子秋”“八人秋”。如果按秋千结构进行分类，可分为三种：横轴秋千是吊绳式的荡秋千，也是最普及的秋千，只在一根横梁上吊起绳索和木板即可；磨转秋千是左右旋转的磨秋，由两人伏在有中轴的横木两边，利用人的后蹬力推动，上下起伏旋转，如同推磨一般，故称磨秋；轮转秋千是上下转动的轮秋，是较为复杂的秋千，每次可供 4～8 人同时娱乐。

秋千项目从第三届全国少数民族传统体育运动会开始就被列为正式的比赛项目，秋千项目由此进入了一个新的发展阶段。秋千项目因其本身具备的特点也逐渐受到了人们的喜爱。

① 闫艳.《全唐诗》名物词研究 [M]. 成都：巴蜀书社，2004.

② 黄益苏，史绍蓉. 中国传统体育 [M]. 长沙：中南工业大学出版社，2000.

③ 崔乐泉. 图说中国古代体育 [M]. 西安：世界图书出版西安公司，2007.

秋千项目设备简单，场地要求不高，人们在庭院中、公园内、小区公共设施中都可以放置一个简易的秋千架，在工作学习之余，在秋千上放松心情，体会像鸟儿一样飞翔的乐趣，享受美好的生活。

六、拔河

拔河是我国古代民间流传的一项传统体育活动，具有悠久的历史，相传始于春秋战国时期，楚越两国水军交战时，鲁国的工匠设计了一种名为钩强的兵器，用于阻挡和钩住敌船，而在阻和钩时需要战士具有强大的力量，因此，当时把钩强对拉作为军事训练的重要内容。随着历史的发展，这项军事运动逐渐演变为一项民间的休闲体育活动，有的地区还形成了这种习俗，每逢佳节就用牵强之戏来进行庆贺。到了唐代改称为拔河，那时用的是四五十米长的粗大麻绳，绳索两头分别系有数百根小绳，每一根小绳由一人牵拉。当时，这项运动在唐代宫廷和民间都很流行，据《全唐诗话》中记载："唐中宗李显于景龙四年三月一日清明，幸梨园，命侍臣为拔河之戏。"①《资治通鉴》中记载："景云元年二月庚戌，上御梨园球场，命文武三品以上抛球及分朋拔河。"② 表明帝王公卿、达官显贵均以拔河取乐。开元年间，在宫中曾多次举行拔河比赛，唐玄宗为此作诗助兴。在薛胜《拔河赋》中有"皇帝大夸胡人，以八方平泰，百戏繁会，令壮士千人，分为二队，名拔河"③，详尽地描绘了拔河比赛的壮观场面。

另外，据文献记载，唐中宗李显还组织过女子拔河比赛，这充分说明了唐代社会的开放和妇女地位的提高。另有《观拔河俗戏》记载，武则天在宫廷中举行拔河比赛，人数之多、规模之大为历史罕见。拔河不仅成为宫廷中的主要娱乐活动，而且在民间广泛流行，民间称拔河为"俗戏"，这种游戏自古就有双重意义，一是用来训练军士的体力和意志，二是用来祈求丰收。春季是一年农事的开始，人们常在这个季节举行不同形式的拔河游戏以祈求农业丰收，据《隋书·地理志》记载："钩初发动，皆有鼓节，群噪歌谣，震惊远近。俗云以此庆胜，用致丰穰。其事亦传于他郡。"反映出民间举行拔河时的热闹欢腾、欣欣向荣的景象，正是由于拔河具有增强体质、培养意志的功能和庆祝、祈求丰收的含义，故为人们所喜爱。

---

① 曲小锋，罗平，白永恒．民族传统体育研究 [M]. 北京：中国商务出版社，2007.

② 司马光．资治通鉴 [M]. 北京：华文出版社，2009.

③ 孙涛，廖勇胜．民族传统体育研究 [M]. 北京：现代出版社，2018.

拔河形式多种多样，既有两人对抗，也有多人对抗；有徒手对抗，也有利用器械进行对抗等。现在通常所说的拔河是指多人平均分成两队进行的徒手对抗。比赛时，参赛两队的人数必须相等，按事先确定的方位分别站于绳的两端并握好绳，此时，绳的标志带应垂直于中线。待裁判员鸣哨后，两方各自一起向自己的方向用力拉绳，以一方把标志带拉过自己一侧的河界为胜方。

拔河运动具有较强的健身性、娱乐性，既能锻炼身体、陶冶情操，同时又不受时间、季节、场地、器械等影响，便于开展，因此成为深受人们喜爱的休闲体育活动。参与此项活动既能增强力量、耐力，又能培养顽强拼搏的意志。

七、踢毽子

踢毽子是我国民间传统的体育健身活动，历史悠久。宋代集市上就有专卖毽子的店铺，明清时开始有正式的踢毽子比赛，踢毽子是我国民间休闲体育项目之一。

有关踢毽子的起源说法各异。民间相传，踢毽子为南宋抗金名将岳飞所创。当年岳飞北征中原，兵锋直抵黄河南岸，金军恃城固守，避不出战，两军相持之际，秋尽冬来，岳家军还穿着出征时的夏装，因熬不住北方的严寒，又得恪守冻死不拆屋的纪律，许多人冻伤了足。岳飞令士兵们把箭矢后的翎毛拔下，绑在铜钱眼里，不停地蹦踢，踢了一阵子，脚趾上的冻伤不治而愈。从此踢毽子成为岳家军的冬季锻炼项目并逐渐流向民间。此说在踢毽专著中亦有记载："创自岳武穆，用箭之翎，配以金石之质，抛足而戏，以释军闷。"① 但有人认为这种说法缺少可靠的佐证。

还有人认为，在南北朝时期，少林寺武僧已经采用踢毽子作为习练武术的辅助功法。现在所见关于踢毽子的最早记载在宋代高承的《事物纪原》："今时小儿以铅锡为钱，装以鸡羽，呼为毽子。"② 所以踢毽子最晚在宋代已开始流行，应是比较可靠的说法。

总之，踢毽子是一项老少皆宜的终身性休闲体育运动。把一束鸡毛插在铜钱上，再以布条缠牢，即扎成一个毽子。毽子的踢法多种多样，可以比次数、比花样，可以活动关节、加强韧带和锻炼平衡。

---

① 白霞. 风筝和毽球 [M]. 北京：中国社会出版社，2006.

② 高承. 事物纪原 [M]. 北京：中华书局，1989.

八、跳绳

跳绳花样繁多，趣味浓厚，运动量可以根据动作繁简和速度快慢来调节，是一项老少皆宜、家喻户晓的休闲体育运动项目。跳绳对于提高人体的灵敏度、速度、弹跳力及耐力等身体素质有良好的作用，尤其可以促进少年儿童的身体发育。

跳绳在我国由来已久，早在明朝初年就流行于民间，人们通常在元宵佳节的夜晚，借着灯火来玩跳绳游戏，那时候的跳绳俗称跳百索或跳白索，民国初年才改叫跳绳。刘侗和于奕正在《帝京景物略》中对跳白索的来历有这样的记载："二童子引索略地，如白光轮，一童子跳光中，曰跳白索。"① 白索是指在灯光的照耀下绳是白色的，故称此游戏为跳白索。沈榜在《宛署杂记》中也有跳百索的记载："以长绳丈许，两儿对牵，飞摆不定，令难凝视，若百索然，其实一索也。群儿乘其动时轮跳其上，以能过者为胜，否或为索绊，听掌握绳者以绳击之示罚，名曰跳百索。"② 从两书的记载可以看出，跳绳游戏是我国古代儿童所钟爱的游戏，其实不光儿童，妇女也常常把跳绳作为娱乐。

从这些典故中可以看出，跳绳以其所需器材简单，技术门槛低、趣味性强等优势，深受我国古代人民的喜爱。可以想象在那时的农家小院、田野空地、市井街道都有可能看到人们愉快地跳绳。

到了近代，跳绳运动有了长足的发展，首先表现在绳子的制作上，原来跳绳用的绳子都是草绳或者麻绳，不仅质地粗糙而且笨重，而现在用的绳子在制作材料上有了很大的进步，使其更加轻便，而且在短绳的两端加上手柄，更有利于摇绳。绳子的颜色多采用鲜艳、明朗的色调，使其更加具有趣味性，更加人性化。随着喜爱这一运动的人越来越多，为了更好地对这个项目进行组织和推广，我国先后成立了国际跳绳联盟、中国跳绳网、中国香港跳绳体育联会等。这些组织和网站的出现在一定程度上说明跳绳已经不是单纯的娱乐游戏，它也具备了一个独立的休闲运动项目的一些特征。这些组织和网站会定期举办一些比赛，为喜爱这项休闲体育运动的朋友搭建了一个舞台。

① 刘侗，于奕正．帝京景物略 [M]. 上海：上海远东出版社，1996.

② 沈榜．宛署杂记 [M]. 北京：北京古籍出版社，1980.

第二节 时尚休闲体育项目

一、高尔夫球

高尔夫球是一项不太激烈的体育运动。高尔夫（Golf）是由英文绿色（Green）、氧气（Oxygen）、阳光（Light）和步履（Foot）的第一个字母缩写而组成，寓意在明媚的阳光下，踩着绿色的草地，呼吸着新鲜的空气，在大自然的怀抱里边散步边打球。

事实上，高尔夫球是一项古老的贵族运动，也是一项极富魅力的休闲体育运动项目。它不像篮球、足球等一些其他运动项目有准确的起源时间。事实上，关于高尔夫球运动的起源一直都是众说纷纭。广为流传的说法是，它起源于14、15世纪的苏格兰，在那里至今还保存着古老的高尔夫球场，迄今已经有500多年的历史了。高尔夫球的名称便是来自苏格兰的方言“Gouf”，意为击、打。

17世纪，高尔夫球运动被欧洲人带到了美洲，19世纪20年代又传入了亚洲。最后又传到非洲，并成了权势和财富的象征。如今，高尔夫球运动已经风靡世界，并发展成为人们熟悉和喜爱的休闲体育运动。其历时500多年而不衰的生命力不仅在于该项运动是男女老幼皆宜的“绅士淑女”运动，同时，也在于高尔夫球同拳击和网球一样，是当代体育个人比赛中奖金数额很高的项目之一。而从竞技体育角度来看，高尔夫已成为足球、网球之后公认的世界第三大运动，这可以从比赛在全球的普及度、奖金额度、高尔夫球用品工业及市场的规模、电视转播的影响力等多方面得到证明。目前，在美国、日本、南非等都有成功的职业高尔夫球巡回赛，其中，英国公开赛、美国名人赛、美国高尔夫公开赛和美国职业高尔夫球协会锦标赛是最为激烈的四大赛事。

高尔夫球运动传入我国较晚。1896年，中国上海高尔夫球俱乐部成立，标志着这项已有几百年历史的运动进入了我国。1985年5月，中国高尔夫球协会在北京成立。从1986年开始，我国每年都举办各种类型的高尔夫球赛。1990年在第十一届亚运会上，我国高尔夫球男、女队均获得了第四名；在第十二届广岛亚运会上，中国女队夺得团体铜牌，而来自深圳的张连伟以低于标准杆3杆的好成绩获得男子个人亚军；1997年在中国高尔夫球公开赛上，中国年轻的职业选手程军勇夺桂冠。以上说明，我国高尔夫球运动的技术水平已进入亚洲的前列。

1994年4月，中国高尔夫球协会主持了职业高尔夫球选手资格考试，诞生了中国第一代职业高尔夫球选手，这标志着我国高尔夫球运动进入了一个新的时代。

随着人们生活水平的提高，一些热衷高尔夫球运动的人在北京、天津、广州等地办起了各种类型的培训班，有针对性地在大、中、小学中进行培训。高尔夫球运动已经走进了学校，受到青少年的喜爱。随着我国社会的发展和人们生活水平的不断提高，我国的高尔夫球运动必定会迅速发展，成为越来越多的人休闲健身的选择。

二、保龄球

保龄球运动是人类历史上最古老的运动之一。保龄球的历史可以追溯到距今7200年前。1920年，英国考古学家在埃及的一座墓道里发现了9个石瓶及1个石球。这个游戏的玩法是用石球投向石瓶，将石瓶击倒，这与现代保龄球的用具与玩法十分相似。

现代保龄球运动的前身是公元3—4世纪德国的九柱戏，又称地滚球。1626年荷兰移民尼加·保加兹把九柱戏带到了美国。19世纪初期，它在美国被认为是一种赌博的游戏而被取缔，但后来经过改头换面，将原来的9只球瓶增加了1只，又把菱形排列改变成三角形排列，从而巧妙地躲避了禁令的限制延存了下来。到了19世纪中期，改良过的九柱戏被称为十柱戏并冠以保龄球沙龙的美誉，演变成一种高尚的娱乐活动而被人们所接受。

1875年美国纽约地区9个保龄球俱乐部的27名代表组成了世界上第一个保龄球协会，这个组织为保龄球的进一步普及和发展做出了两大贡献：一是规定了球道的距离；二是决定了球瓶的大小，从此保龄球运动得到了规范和统一。

1895年美国保龄球协会成立，这个协会改变了保龄球的钻石形状，并制定了标准的保龄球用具及其他有关规则。从此，保龄球运动成为一项正式的体育项目。1974年保龄球被列为亚运会正式比赛项目。1988年，在第24届汉城奥运会上，保龄球被列为表演项目。

20世纪初保龄球运动传入我国，改革开放以后保龄球运动在各大、中城市迅速开展。1985年中国保龄球协会成立，1987年中国加入世界保龄球联合会。随着我国经济的发展，该项运动已经日益成为人们最喜爱的休闲健身活动之一，并且还在不断地普及与发展。

三、台球

台球也叫桌球、弹子球，台球比赛指的是球员在台球桌上用不短于91.4厘米长的球杆在规则允许的范围内将白色的主球击入袋，使目标球入袋的一种休闲体育项目。台球运动最早出现在欧洲，之后传入了美国，也传入了我国。世界上第一张台球桌出现在1400年，当时球桌上没有袋，只有拱门或门柱。在英国的维多利亚女王时代，台球作为一项正式的休闲体育项目，进入了英国上流社会。

20世纪初，台球游戏开始逐渐变成了竞技运动项目。1919年，英国成立了该国最高台球组织机构——英国台球联合会；1940年世界台球联盟成立，它负责国际性台球比赛活动，总部设在比利时的布鲁塞尔，行政中心在西班牙的巴塞罗那；1948年，美国成立了美国台球协会，机构设在芝加哥；1986年我国成立了中国台球协会。这些机构的成立促进了台球竞技运动的开展。1996年星伟体育用品有限公司与北京体育大学联合创建了运动系台球项目，为中国培养高级台球专业人才创造了条件。素有“台球神童”之称的我国年轻选手丁俊晖就夺取过2005年中国公开赛冠军和英国斯诺克台球锦标赛的冠军。

近两年，我国台球热更是持续升温，无论在高档的休闲场所还是在街边的休闲场所里，都可以看到人们玩台球的身影。台球已为我国老百姓所接受，成为我国的一项休闲体育运动。

台球运动有许多优点，比如，它是室内运动且运动场地小，不受季节、天气、时间等因素影响；运动量不大，不会耗费大的体力，适合任何人；是一种智力体育活动，经常参加不仅可以健身，还能益智；参加人数灵活、趣味性很强等。

四、飞镖

飞镖比赛是镖手站在一定的距离内，用单手持镖向悬挂在一定高度并刻有20个分数区的镖盘投准的一项室内休闲体育项目。

飞镖作为运动项目诞生在几百年前英格兰的公共场所酒馆。最初的飞镖类似短的手持的箭，最初的镖盘是树的断面或酒桶的底盖。后来经过改造，具有现代外形的镖盘产生了，即中心圆和铁丝蛛网。现代镖盘类似历经风雨的树的年轮，酒桶的底盖成为完美的靶心。今天，靶心仍被称为木塞。

在20世纪前几十年的英格兰，作为酒馆里的一项休闲运动，选择飞镖运动的人很多。事实上，飞镖在1908年被官方提升为技术游戏。当时在英格兰的利兹有一个酒馆老板，曾被治安官指责他允许进行非法的“赌运气”游戏。正如传说的那样，这位先驱者走上法庭，手里拿着镖盘和飞镖，率先把三支镖投进镖盘上指定的分数区，然后他向法庭上的一位官员提出挑战，比试飞镖，由于法庭的官员不能准确地投镖，所以法官立即撤销了指控，从那时起飞镖不再被认为是“赌运气”游戏，而是一个技术游戏。最早的全国性组织是国家飞镖协会，该协会于1924年在英格兰成立，并举办了锦标赛。1927年，名为《世界新闻》的报纸开始赞助伦敦当地的飞镖竞赛，此后发展成为地区性和全国性的锦标赛。到1939年，为了国内稳定的需要，苏格兰当局毫无根据地推断它会在劳动阶级中培养坏习惯和使人们“无所事事”，决定禁止在酒馆里玩这种游戏。但公众的呼声十分强烈，实际禁令从来没有生效过。

第二次世界大战以后，飞镖运动获得了国际性的发展。由于飞镖比赛的巨大影响，自1947—1990年，每年举行一次。20世纪50年代和60年代，英国地区性和全国性的锦标赛持续创造观众高峰；在美国和其他地方，飞镖运动稳定发展；到了20世纪70年代中期，飞镖运动在英国得到普及，并且锦标赛吸引了大量的观众观看。

由于比赛具有可观赏性，飞镖运动得到了持续发展。1973年英国飞镖协会成立，1975年美国飞镖组织成立，1977年加拿大全国飞镖联合会成立，1976年澳大利亚飞镖联合会成立，还有其他众多的全国性组织——在南非、日本、巴西等国诞生了，这些全国性组织通过举办锦标赛来推动这项运动发展。1976年，国际飞镖联合会成立，国际飞镖联合会被公认为是国际比赛的官方组织机构，每两年举办一届世界飞镖锦标赛和一届世界杯赛，每年举办一届世界职业排名赛和世界职业大师赛。

20世纪70年代以来，飞镖运动在美国迅速发展。每年有数以百计的锦标赛举行，每个赛事都提供数目惊人的奖金。在大城市以及小城镇的酒馆和餐馆里有很多俱乐部和比赛，并且许多业余爱好者很快达到了职业选手的段位。随着这项运动人数的增加，职业竞技舞台也在扩大，飞镖产品制造商、酿酒商和其他公司提供了大量赞助和锦标赛奖金。仅在美国，每年职业选手竞争的奖金就超过100万美元。

飞镖运动传入我国大陆只有近十年的时间，由于技术相对简单、易于掌握，并且不受年龄、性别、职业和气候条件的限制，运动量适宜，迅速被我国大众接受。空闲时间掷飞镖，不仅可以舒展筋骨、消除疲劳、增强身体协调能力，还能磨炼意志和提高心理素质。国家体育总局已于1999年批准将飞镖运动列为我国第95项正式比赛项目，并于同年12月在天津举办了首届中国飞镖公开赛。

五、飞盘

飞盘是一种投掷盘形器具的运动，20 世纪 60 年代飞盘首先在美国出现，现流行于世界各地。飞盘呈圆形，有卷边，直径约 25 厘米，厚约 5 毫米，用手指和手腕发力使之飘飞在空中旋转。

飞盘的英文最先拼作 Frisbie，意指锡做成的烤盘，专用于烤饼。因为这种烤饼是康乃迪克州布里姬港的“福瑞斯比面包店”独家制作的，所以，烤盘上面刻着福瑞斯比派字样。一群调皮捣蛋的耶鲁学生使福瑞斯比派的烤盘由普普通通的烤盘变成了一种风靡世界的休闲运动器具。1920 年，耶鲁大学的学生经常到福瑞斯比店买饼，吃完以后，他们拿起剩下的空盘，顽皮地相互抛接掷击，当锡盘击中对方时，往往会兴奋地大叫福瑞斯比。莫瑞森由此获得灵感，制作了第一个金属飞盘。但金属飞盘不利于飞行又危险，一再研发改进的结果是第一个塑料飞盘于 1948 年问世。莫瑞森在加利福尼亚州（简称加州）开设公司并从 20 世纪 50 年代开始大量制作飞盘，至今已有 16 种款式问世。

飞盘是老少皆宜的游戏，只要有一块空地就能玩，而且技术简单、容易操作、玩法众多，比赛也不少。同时，飞盘价格便宜，人人玩得起，它具有与任何人，甚至与狗都能一起玩的最大的优点。作为一种兴趣盎然的休闲项目，飞盘运动方兴未艾，全世界有无数飞盘迷，有各种飞盘大赛，人们专门成立了世界飞盘协会。吉尼斯世界纪录记载的飞盘最长留空时间为 16.72 秒，由肯恩于 1984 年 5 月 26 日所创。

飞盘运动已被列为 2001 年世界运动会（非奥运项目的国际比赛）的正式比赛项目，将来这项趣味性十足的休闲活动必将得到越来越多人的喜爱。

六、街舞

街舞（Hip-Hop）是美国黑人的一种街边文化。以霹雳舞、劲舞、摇滚等作为原始素材的街舞，自由流畅、不拘一格，主张突出个性的创意与表现形式。其特色是爆发力强，在舞动时，肢体所做的动作亦较其他舞蹈夸张。最吸引人之处是以全身的活力带来热情澎湃的感觉。街舞因其轻松随意、自由个性和反叛精神受到年轻人的喜欢。

Hip-Hop 是各种街舞的总称，包含了机械舞、霹雳舞等。它起源于美国街头舞者的即兴舞蹈动作。这些街头舞者以黑人或是墨西哥人为主，这些流行的街舞多半发源于美国纽约的布鲁克林区，一些黑人或是墨西哥人成天在街上以跳舞为乐，形成各种派系，也很自然地在他们所跳的舞蹈上发展出不一样的分支。

1992年初期，出现了一种原地性的Hip-Hop，它没有那些大幅度的动作和脚步移动，更没有霹雳舞中那些在地上类似体操的动作。它的独有风格在于注重身体的协调性，重视身体上半身的律动，并且增加了许多头部、手部的动作。在迈克·杰克逊、玛丽亚·凯利、后街男孩的音乐录影带中都可以看到这种新风格的舞蹈。

在专业健美操运动员的日常训练中，常用这种原地性的Hip-Hop来训练运动员的协调性、表现力等综合素质，有时也会作表演之用。街舞的外在表现时尚、运动强度适中，所以它进入健身房便成为可能。不过健身房的街舞在动作的选择上更注重其安全性、锻炼价值及个性表现，所以练习者在消耗脂肪的同时也缓解了精神压力。因此，有人称街舞是让人带着笑容进行训练的运动。

作为一种休闲体育活动，街舞能很好地弥补其他健身项目的局限性，使锻炼更为全面。它也是非常好的有氧运动，减肥功效不言而喻，同时它还能提高身体的协调能力。此外，街舞的爆发力强，多以绕环和小关节的运动为主，因此能较好地改善练习者的协调能力，并且使身体不常运动到的小关节和小肌肉群充分得到锻炼。加之街舞运动强度适中，具备有氧运动的效果，使练习者在提高心肺功能的同时能达到减肥的目的。练习者还可以根据自身的身体状况和运动基础选择不同节奏的音乐来调整运动的强度。

七、瑜伽

瑜伽产生于公元前，起源于印度，是人类智慧的结晶。它是东方最古老的强身术之一，也是当今世界上最流行、最有效的休闲健身运动之一。

瑜伽是梵文“Yoga”的译音，本义是自我和原始动因的结合。各种瑜伽体系的终极目的就是帮助人们实现这种境界。所以，从广义上说，瑜伽是哲学；从狭义上说，瑜伽是一种肉体和精神的运动项目。

再简单一点来说，瑜伽是生理上的动态运动及心灵上的练习，也是应用在生活中的哲学。瑜伽的最终目标就是能控制自己，能驾驭肉身感官，以及能放松身心。感官的集中点就是心意，能够驾驭心意，即代表能够驾驭感官。通过把感官、身体与有意识地呼吸相配合来实现对身体的控制，这些技巧不但对肌肉和骨骼有益，也能强化神经系统和主要器官的功能，通过激发人体潜在能量来促进身体健康。

人体的神经系统和主要器官的状况决定着一个人的健康程度。现代生活节奏快、竞争激烈、压力较大。当这种压力超过自身所能承受的限度时，身体就会感到紧张不适，自我免疫力下降，体力不支，有时还包括心理上的挫败感、肌肉紧张（可导致脊椎疼痛）、疲惫不堪、呼吸短促。有规律地瑜伽练习有助于消除心理紧张，防止由于疏忽身体健康或提早衰老而造成的体能下降。因此练习瑜伽能保持活力，令思维清晰。

大多数体育运动属于竞技性的运动，对抗性强，强调增强体能和技能，以便战胜对方。为了争夺冠军，往往进行超负荷极限训练，可能会损害自己的身心健康。而瑜伽则面向人们自己。瑜伽动作缓慢而优雅，呼吸慢而放松，心灵也随之变得放松。久而久之，练习者的情绪也变得较为平和，性格不那么急躁，可谓心平气和。练习瑜伽要注意姿势、呼吸、意念的有机结合，采用正确的方法进行练习才能收到预期的效果。这一点是瑜伽与其他有氧操的根本区别。其实，练习瑜伽与其他运动不仅不矛盾，而且还有助于学习其他运动。瑜伽可以作为其他运动前的热身、预备，也可作为其他运动后的身心放松和体能恢复。

经过不断发展，瑜伽出现了很多流派并由此形成了许多不同的体系。其主要体系包括哈他瑜伽、八支分法瑜伽（又称王瑜伽）、智瑜伽、嗒多罗瑜伽、语音冥想瑜伽、实践瑜伽（又称业瑜伽）和爱心服务瑜伽（又称巴克提瑜伽）。

在这些体系中，哈他瑜伽比较注重生理效果，它是以调息与体位法为中心，主要锻炼、开发人的大脑、肌体和内心，是当今世界流行的瑜伽主流，也是一种最适合现代人调理身心、养身保健的活动之一。

八、跆拳道

跆拳道是一项利用拳和脚进行搏击的对抗性休闲健身运动。它通过竞赛、品势和功力检验等运动形式，使练习者增强体质、掌握技战术并培养坚韧不拔的意志品质。

跆拳道源于人类远古祖先的生存需要，在原始社会条件下，人类为了生存，必须同自然界的野兽搏斗，这就产生了搏斗的各种方法。经过漫长的岁月，人们本能的强健体魄和自卫产生的搏击逐渐演化为有意识的技击活动，从而产生了朝鲜族人民特有的运动形式——跆拳道。

在新罗时期（公元 7—公元 8 世纪），跆拳道就已经深受朝鲜人民的喜爱。当时分为三个训练阶段：初学者先学会用脚踢对方的腿（下段），技术稍熟练的则可用脚去踢对方的胸部（中段），技术高超的可用脚去踢对方的头部（上段）。

1945 年，日本投降，朝鲜半岛获得了光复，跆拳道也得以健康的发展。由于当时的技击方法很多，名称也繁杂，如称唐手道、跆跟等，为使这一国技得以发扬光大，1961 年 9 月，韩国成立了唐手道协会，后更名为跆拳道协会。现代的跆拳道被韩国人视为国技。跆意思为脚踢、脚踹，这与《辞海》中关于跆字的解释非常吻合：跆为踩踏、蹬踏之意；拳意指用拳击打；道即为练习的方法，也为一种精神。

1966 年，国际跆拳道联盟成立；1973 年，世界跆拳道联盟在韩国汉城（现为首尔）成立；1975 年，世界跆拳道联盟被正式接纳为国际体育联盟的会员；1980 年，国际奥委会正式承认了世界跆拳道联盟。跆拳道的第一届世界锦标赛和第一届亚洲锦标赛分别于 1973 年和 1974 年在韩国汉城（现为首尔）举行；跆拳道在 1986 年被列为第十届亚运会的正式比赛项目，1994 年 9 月经国际奥委会正式通过，被列为 2000 年奥运会正式比赛项目，设男女各 4 个级别。

目前跆拳道运动已经成为完全独立的国际体育组织和正规的比赛项目。在世界锦标赛、亚运会和亚洲锦标赛上共设有男女各 8 个级别。跆拳道每两年举办一次世界锦标赛和世界杯比赛。

1992 年 10 月 7 日，中国跆拳道协会筹备小组成立，这标志着我国跆拳道运动的正式开始。1995 年 5 月，共有 22 个单位 250 名运动员参加了在北京体育大学举行的第一届跆拳道锦标赛，从此跆拳道在我国迅速发展起来。1995 年 8 月，正式成立了中国跆拳道协会，魏纪中当选为第一任协会主席。同年 11 月，中国跆拳道协会被世界跆拳道联盟接纳为正式会员。1999 年 6 月 7 日，在加拿大埃特蒙多举行的世界跆拳道锦标赛上，我国女运动员王朔战胜多名跆拳道高手，获得了女子 55 千克级的冠军，这是我国运动员获得的第一个世界冠军。随后在 2000 年悉尼奥运会上，我国选手陈中获得女子 67 千克以上级冠军；在 2004 年雅典奥运会和 2006 年多哈亚运会上，陈中分别获得女子 67 千克以上级两枚金牌，罗薇则获得 67 千克级的两枚金牌。赵帅在 2016 年里约奥运会夺得跆拳道男子 58 公斤级冠军，实现了中国男子跆拳道在奥运金牌上零的突破。

礼节是在跆拳道练习过程中必须注意的。练习跆拳道的人要持正确的练习和认识态度，练习时衣着端正，头发整洁，对教练、同伴都要体现出恭敬、服从、谦虚、互助互学的心态。谦逊和正确的言语、谦让和友好的态度、虚心和好学的作风也是跆拳道练习所遵循的重要礼仪。

第三节　竞技休闲体育项目

一、三人篮球

三人篮球，又称街头篮球，是目前全球青少年开展最广泛的体育活动之一。三人篮球只需要半块场地，一个篮筐，再加上对篮球的一腔热情即可开展。它是青少年张扬个性、表现自我的理想舞台。不少美国职业篮球联赛（NBA）巨星就是从街头篮球开始走上辉煌明星之路的。三人篮球因其简便易行的特点也成为校园里学生们参与最广泛的竞技休闲体育项目，受到青少年学生的极大欢迎。

三人篮球赛源于美国的街头篮球，起始于美国城镇贫民区的黑人青少年经常进行的篮球运动，在美国篮坛享有盛誉的哈林区 145 号球场就是最著名的三人篮球斗牛赛区，在这里诞生了大批如欧文、张伯伦、贾巴尔等篮球巨星。首次三对三篮球赛是在美国的密歇根州的大众篮球节上，三人篮球赛开始走进都市乡镇是在 20 世纪 90 年代中期。实际上，三人篮球运动一直是受到大众喜欢的一种运动方式，NBA 全明星周末还专门安排三对三斗牛赛，艾弗森、加里·佩顿等著名的球员都有参加街头篮球运动的经历。

我国开展三人篮球赛的时间较晚，但其近年来在我国发展迅速。1993 年 7 月中国香港维多利亚公园首次举办三人篮球赛并大获成功，香港因此也成为德国法兰克福举办的首届三人篮球世界锦标赛之后的 32 个分区赛站之一。我国大中城市如广州、北京、南京等地也都曾举办过声势浩大的三人篮球赛。内地三人篮球赛开展得最早的城市是广州，1995 年广州首次举办了大规模的“羊城晚报杯”三人篮球挑战赛，约有 300 支队伍报名参赛；到 1999 年第三届“百事可乐杯”三人篮球赛参赛队伍已发展到 1590 支，成为世界三人篮球赛历史上规模最大、比赛场次最多、组别最全的一次比赛；2000 年，“阿迪达斯街头三人篮球赛”在全国的几个城市同时开始，总决赛在上海的港汇广场进行，声势浩大。

总之，三人篮球是篮球运动的简约形式，它把少数人参加的运动转变成大众化的全民竞技和休闲运动。作为游戏，它是一项人们喜闻乐见的全民健身活动，具有活跃身心和健身强体的功能；作为竞技体育运动，其意义在于通过强者间的对抗拼斗，显示生命的活力，培养顽强的意志品质和集体主义精神，激励人们去克服困难、夺取胜利、为国争光。

随着我国《全民健身计划纲要》的颁布与实施，如何组织和动员广大人民积极投入休闲健身活动中，以增强体质、改善民族素质显得越来越重要，三人篮球运动“平民化”的特点正好与《全民健身计划纲要》相吻合。

二、五人制足球

五人制足球赛作为成熟的比赛赛制已经有 20 多年的历史。与十一人制足球赛制不同，五人制足球场地长 38～42 米，宽 18～22 米，可在室内举行，但囿于场地因素，人们多在室外进行活动或比赛。比赛时间为两个 20 分钟的半场，中场休息 10 分钟，双方各 5 名队员，具有参加比赛人数少、场地小、比赛时间短、技术复杂、战术灵活多样等特点。

室内五人制足球比赛最早出现在南美洲，当时人们称之为“沙龙足球运动”。1982 年，巴西举行了首届非正式室内五人制足球比赛；1988 年，国际足联制定了正式的室内五人制足球竞赛规则，并于 1989 年在荷兰举办了首届世界杯室内五人制足球锦标赛，并规定每四年举办一届。

五人制足球是国际足协大力推广的足球运动项目，在我国已经开展了十多年，2009 年，中国室内五人制足球国际邀请赛在杭州举行，参赛的队伍有中国、日本、伊朗、荷兰。中国五人制足球运动在亚洲也属于较低水平，但中国足球协会已经充分认识到其巨大的市场潜力而正设法在全国推进。大学生五人制足球联赛从国内高校入手，利用高校学生文化素质的优势和良好的校园体育文化氛围，将极大推动国内五人制足球运动的普及和快速发展。

五人制足球深受大学生的喜欢，是一项更适合学生参与的足球比赛形式。通过比赛可以培养大学生的团队合作精神，使他们在比赛中得到身心的锻炼和素质的全面提高。

三、沙滩排球

沙滩排球是一项在世界上广受欢迎的竞技休闲运动。由于沙滩排球比赛对场地和器材的要求比较少，同时比赛的时候又能尽情享受阳光、沙滩和海水，因此，这项运动从一开始就受到了广泛的关注。

沙滩排球起源于 20 世纪 20 年代的美国。大多数人认为加州的莫尼卡是沙滩排球的发源地。当时人们玩沙滩排球是为了娱乐消遣，头顶蓝天，沐浴阳光，光着脚板踩在金色柔软的沙滩上，尽情地跳跃、滚翻、流汗，享受着这美妙的时光。沙滩排球以自身独有的魅力越来越受到人们的青睐，参加的人数也急剧增加。当时虽然是娱乐、健身的项目，但已具有相当的规模。1927 年，沙滩排球开始传入欧洲。随着时间的推移，沙滩排球逐渐风靡美洲的巴西、阿根廷以及大洋洲的澳大利亚和新西兰等国家。当时的比赛是三对三、四对四。20 世纪五六十年代，沙滩排球成为美国加州海滩上必不可少的娱乐活动，并且和流行音乐结合在一起进一步发展。

1986 年，第一次国际性沙滩排球比赛在巴西里约热内卢举行。该运动在一批优秀巴西选手的带领下进一步职业化、商业化。1992 年，国际排球联合会成立了沙滩排球部。1998 年，国际排球联合会经协商，设立了挑战赛、卫星赛和业余赛作为国际巡回赛以外的重要赛事。1996 年，亚特兰大奥运会首次将沙滩排球设为正式比赛项目；1998 年，曼谷亚运会也正式将沙滩排球列为比赛项目。

我国沙滩排球运动虽然起步较晚，但发展势头很猛。1987 年，我国首次组织队伍参加了沙滩排球国际邀请赛，自 1997 年沙滩排球正式列为我国全运会比赛项目和设立全国沙滩排球巡回赛起，至今已有多个省市、解放军和行业体协开展此项目，多个省区体育局和解放军成立了沙滩排球队。中国沙滩排球队在亚洲处于前列，并且在世界各类大赛中，我国选手也都有不俗的表现。

四、软式排球

软式排球是一项适宜家庭成员共同参与的休闲竞技运动项目。作为排球运动家族的新成员，软式排球的历史并不长，20 世纪 80 年代末诞生于日本的山梨县，开始只是作为家庭成员和中老年人健身、休闲的体育活动项目，随后流传到日本其他地方。

1988 年 8 月，在日本排球协会（以下简称排协）制定软式排球竞赛规则 6 个月后，在神奈川县举办了第一届全日本软式排球培训班。1988 年 10 月，在日本的山梨县举行了全日本家庭软式排球比赛，以后每年举行一次。1989 年 4 月，日本正式出版了第一本《软式排球竞赛规则》。1989 年 4 月，日本全国各都、道、府、县分别举行了家庭组软式排球比赛。同年，日本排协从全国选出三所小学进行软式排球教学实验。1992 年 2 月，日本软式排球小学组与成人组分开，并取名为“小软式排球”。1992 年 4 月，日本文部省表示支持将软式排球引入小学体育课堂。由此，软式排球运动进入了日本学校。成为中小学体育课的一项教学内容并在高中女生中得到开展。1993 年 4 月，日本成立了日本沙滩及软式排球协会。1994 年 2 月，日本对软式排球竞赛规则进行了修改，并于 8 月举行了第五届全国软式排球家庭大赛，在山梨县举行了第二届分龄组比赛。1994 年 10 月，日本向美国派出了30人软式排球代表团进行访问，由此开始广泛地向世界各地传播、推广软式排球运动。欧美的一些国家如美国、意大利、加拿大以及亚洲的韩国、新加坡等国家相继开展了软式排球活动。1994年，瑞典、芬兰举行“实力杯”世界青少年软式排球大赛，有7～17岁的青少年共计5000余人参加比赛，比赛为四人制、小场地。软式排球运动正方兴未艾。

1995年8月，北京体育大学从日本购回了软式排球，在全校教职工中举办了我国历史上首届软式排球比赛。1996年，国家体委排球处（现国家体育总局排球运动管理中心）正式决定，大力开展沙滩排球和软式排球活动，以吸引青少年投入其中。1998年底，北京体育大学教职工开始举办每年一届的软式排球比赛活动。自1998年下半年以来，软式排球在全国一些省、市高校陆续开展起来。1995—1999年这一时期，软式排球运动在我国处于导入、介绍、了解、推广阶段。1999年10月，国家体育总局排球运动管理中心成立了全国软式排球推广领导小组，该小组的成立标志着我国软式排球运动开始进入了有组织、有计划的发展阶段。

2000年，教育部颁布新修订的中、小学《体育与健康教学大纲》，首次将软式排球纳入教学大纲内容，这说明将有更多的青少年加入软式排球运动中来。2000—2002年间，全国27个省、市、自治区举办了不同年龄层次的培训班及正式比赛，期间受训的体育教师、教练、体育工作者达10000多人次，使软式排球的推广与发展逐步步入了正规化、专业化。①

五、软式网球

软式网球是从硬式（草地）网球中派生出来的一种网球运动。与普通网球类似，软式网球也是在由球网隔开的矩形场地上进行的球拍类运动。比赛有单打和双打比赛，运动员需要将球击打过网，保证球落在界限内，并迫使对手无法将球击回。

软式网球于19世纪首先在日本出现，经过百余年的发展和完善，它有了自己的器具和竞赛规则，并形成了一套与硬式网球不同的技术和战术体系。软式网球在日本非常普及。1923年，日本首次举办全国软式网球锦标赛。20世纪50年代，日本又把软式网球推广到亚洲地区。1955年，成立了亚洲软式网球联盟。1956年，举办亚洲软式网球锦标赛。为了把软式网球推向全世界，1973年解散亚洲软式网

① 胡小明，虞重干．体育休闲娱乐理论与实践[M]．北京：高等教育出版社，2004.

球联盟，成立世界软式网球联盟。1975 年，首次举办世界软式网球锦标赛，每二年一届。1988 年，重建亚洲软式网球联合会并恢复亚洲软式网球锦标赛，每四年一届，比赛项目设男女团体、男女双打、男女单打。软式网球在 1990 年作为表演项目进入亚运会，在四年后的 1994 年广岛亚运会上被列为正式比赛项目。

1986 年 4 月，软式网球运动进入了我国。当时，日本东京女子体育大学与沈阳体育学院建立校际关系，软式网球作为日本东京女子体育大学与沈阳体院之间的交流项目而被引进我国。从此，软式网球不仅在我国扎了根，而且在各方面的浇灌下不断地成长、开花、结果。

1987 年 4 月，我国成立了中国软式网球协会。在中国软式网球协会的倡导与推动下，软式网球运动得到了普及，运动技术水平也得到了很大的提高。1987 年 8 月，在昆明海埂训练基地举办了首届全国软式网球邀请赛和中日大学生对抗赛。参加本届比赛的有北京体育学院、西安体育学院、武汉体育学院、成都体育学院、天津体育学院、北京体育师范学院、沈阳体育学院等单位的 121 名男女运动员。比赛期间进行了男女团体和男女单项（双打）比赛，选出优秀运动员联合组成中国大学生代表队与日本大学生队进行了对抗赛。中国软式网球协会决定每年举行一次全国锦标赛。为了增加各队运动员间的球技交流机会、迅速提高运动技术水平，从 1995 年开始，又增设了全国青少年软式网球锦标赛和全国软式网球冠军赛两个赛会，这些举措为我国软式网球的进一步发展和软式网球运动水平的提高创造了良好的条件。

中国软式网球协会为加大促进软式网球发展的力度，还采取了一些方法，与各国运动员进行广泛交流；经常派出教练赴日受训；经常聘请日本专家来我国讲学、任教。这些活动使我国的教练水平不断提高，运动水平在不断地上升。在第十届世界软式网球锦标赛上，我国男单取得第三名，女单取得冠亚军，显示了我国软式网球运动的普及和技术水平的提高，充分证明了我国软式网球运动和其他运动项目一样，在不久的将来能具备屹立于世界体育先进水平之林的能力。

六、乒乓球

乒乓球运动于 19 世纪末起源于英国，流行于欧洲，其起源与网球的发展有着密切联系，乒乓球运动的英文名叫 Table Tennis，即桌上网球。20 世纪初，乒乓球运动逐渐在世界各国开展起来。1926 年 1 月，在柏林举行第一次国际乒乓球比赛时，召开了一次有德国、英国、奥地利和匈牙利乒协代表参加的座谈会，会议决定成立国际乒联。1926 年 12 月，国际乒联在英国伦敦举行了第一次全体会议，会议明确规定全体代表大会为国际乒联的最高权力机构，并且通过了《国际乒联章程》和《乒乓球比赛规则草案》，选出了国际乒联领导机构，第一任主席是英国的蒙塔古。目前，世界性的乒乓球大赛有“世界乒乓球锦标赛”（两年举行一次，设男女团体，男女单打，男女双打和混合双打共七个项目）和“世界杯乒乓球比赛”（每年举行一次，只设男子单打项目）等。1988 年，乒乓球运动被列为奥运会正式比赛项目。

我国乒乓球运动是从 1916 年发展起来的。1952 年，我国加入国际乒联。1953 年，我国参加了第二十届世乒赛。1959 年，在第二十五届世乒赛上，我国优秀运动员容国团第一次夺得世界锦标赛男子单打冠军。1961 年，我国主办了第二十六届世界乒乓球锦标赛。在这届比赛中，我国运动员夺得男子团体和男女单打三项冠军。从此，我国乒乓球运动水平走到了世界前列。经过几代人的努力，我国乒乓球运动的技术水平得到进一步提高，逐步形成了快、准、狠、变、转的中国独特的近台快攻打法并在国际大赛中屡建奇功，特别是在第三十六届世乒赛上，我国运动员夺得全部七项金牌，创造了世界乒乓球史上的奇迹，为祖国赢得了荣誉，也为世界乒乓球运动的发展做出了贡献。此后，中国乒乓球队始终站在世界乒坛的最高峰。

乒乓球运动具有球体小、速度快、变化多和趣味性强等特点，其运动量可大可小，不同年龄、性别和身体条件的人都可以参加，所以深受人们喜爱。

七、羽毛球

据有关资料记载，现代羽毛球运动起源于英国，它是由印度的“浦那游戏”逐步演变而成的。

相传 19 世纪中叶，在印度的浦那城内有一种类似今日羽毛球活动的游戏十分普及，它是以绒线编织成形，上插羽毛，手持木拍，隔网将球在空中来回对击。19 世纪 60 年代，有批退役军官把这种称为“浦那游戏”的活动带回英国并逐步使它演变成一项竞技运动。

1837 年，在英国格拉斯哥郡的伯明顿镇，有一位名叫鲍费特的公爵，一天，他在自己庄园里宴请宾客，恰逢下雨，客人只好聚在客厅里，当时有位从印度退役的军官，将“浦那游戏”介绍给大家并在大厅里活动起来，因这项活动极富有趣味性，所以很快就风行开来。此后，这种室内游戏迅速传遍英国，“伯明顿”也成为羽毛球英文的名字。

1877 年，第一本《羽毛球比赛规则》在英国出版。1893 年，在英国成立了世界上第一个羽毛球协会。1899 年，该协会举办了第一届全英羽毛球锦标赛。此后每年举办一次，沿袭至今。

羽毛球运动从不列颠诸岛流传到斯堪的纳维亚和英国联邦各国，20 世纪初流传到亚洲、美洲、大洋洲，最后传到非洲。随着这项运动在世界上开展的国家越来越多，1934 年成立了羽毛球世界联合会，1939 年羽毛球世界联合会通过了各会员国共同遵守的《羽毛球竞赛规则》。

20 世纪 20 到 40 年代期间，欧美国家的羽毛球运动发展很快，特别是英国和丹麦，历次重大国际比赛的桂冠几乎被他们所垄断，其次是加拿大和美国也具有相当高的水平。

1948—1949 年举办了首届世界男子羽毛球团体赛（汤姆斯杯），马来西亚击败了美国、英国和丹麦等强国荣登榜首，从此开始了亚洲人称雄国际羽坛的时代。

20 世纪 50 年代，亚洲羽毛球运动发展较快，首先是马来西亚，涌现出了不少优秀选手，获得了 1951 年、1955 年举办的两届汤姆斯杯赛冠军，同时在世界锦标赛中再次获得男子单、双打的冠军。

20 世纪 50 年代末，印度尼西亚羽毛球队在国际羽坛开始崛起，他们在学习欧洲选手技术和打法的基础上有所创新，加快了比赛的速度和对落点的控制，使羽毛球技术水平提高到一个新的阶段。在 20 世纪六七十年代，印度尼西亚队的技术水平在国际羽坛上一直处于遥遥领先的地位。从第四届到第十一届的汤姆斯杯赛，除了第七届被马来西亚获得，其余全被印度尼西亚队所获得，并且几乎垄断了在此期间举行的全英锦标赛的男子单打、双打的冠军。

在女子方面，20 世纪 50 年代中期至 60 年代初期，美国占据优势，连续三届获得女子团体比赛（尤伯杯）的冠军，20 世纪 60 年代后期至 70 年代，世界羽坛的优势转向日本。

1981 年 5 月，国际羽联重新恢复了中国在国际羽联的合法席位，从此揭开了国际羽坛历史上新的一页，进入了中国羽毛球选手称雄国际羽坛的辉煌时期。

羽毛球运动作为一种体育运动和休闲娱乐活动受到了广泛的欢迎，因为它具有以下特点。

第一，全面性。无论是进行有规则的羽毛球比赛还是作为一般性的健身活动，都要在场地上不停地进行脚步移动、跳跃、转体、挥拍，合理地运用各种击球技术和步法将球在场上往返对击，从而增大了上肢、下肢和腰部肌肉的力量，加快了全身血液循环，增强了心血管系统和呼吸系统的功能。

第二，娱乐性。羽毛球作为一项休闲娱乐活动，参与者在球的对击过程中，通过不停地奔跑和身体的变化，努力地去把球击到对方的场地。每当击球者在击出一个好球或赢得一个球时都能使自己兴奋并享受到成功的喜悦。同时球的飞翔又有快慢、轻重、高低、远近、飘转等变化，使这种运动本身充满了丰富的乐趣。同时，由于羽毛球技术的千变万化，羽毛球运动有很高的观赏性。

第三，简易性。羽毛球运动不受场地的限制，这也是其深受欢迎的一个重要原因。羽毛球运动的基本技术易学，不同性别、年龄和不同条件的人都可以参加活动，所需场地大，设备简单，携带方便，容易被广大群众所接受。

在高水平的羽毛球比赛中，经常表现出激烈的对抗，每一球的得分往往经过多次的对击和较长时间的鏖战。这对锻炼者的速度、力量、灵敏度，特别是耐力等身体素质，以及意志品质、应变能力提出了很高的要求。经常参加羽毛球运动，既可以锻炼身体，增强身体的活动能力，改善身体各器官的功能，达到提高身体素质增强体质的目的，又可以培养勇敢顽强、灵活机智、果断、沉着等优良品质和作风。

八、健美操

健美操是在音乐的伴奏下运用不同类型的体操化动作，融体操、舞蹈、音乐于一体的身体练习，既是健美身体、陶冶情操的大众健身方式，又是竞技运动的一个项目。

健美操起源于生活及人们对人体美的追求，19 世纪，瑞典体操代表人物佩尔·亨里克·林曾提出健美操是体操的一类的观点，他认为，“健美操是以表现人的思想情感为目的的一种体操”。[①] 强调身体各部位和身心协调发展，注意矫正姿态，养成健美体态，促进身体健康。20 世纪 70 年代中叶，美国著名体操专家库彼尔博士发表了《新有氧体操》和《有氧体操有益于大众》等著作，使有氧体操不仅在美国，也在欧洲有了较大影响，这可以说是现代健美操的雏形。

1981 年美国著名影星简·方达根据自己的健身体会和经验编写了《简·方达健美术》，此书以实用和新颖的运动形式来保持身体健美，再加上她的名人效应，使健美操迅速在全世界流行起来，这是健美操兴起的主要原因。据报道，1984 年英国大约有 270 万人每天打开电视学做健美操；法国有 400 万人参加健美操中心的活动；1983 年西班牙最受欢迎的一个电视节目是青年健美操教师埃娃·纳雷主持的《健与美》节目，有成千上万的西班牙人在电视机前学做健美操。在亚洲，日本较早地开设了健美学校，1984 年首届远东地区健美操大赛在日本举行，香港、

① 陈平.时尚健身文化研究 [M]. 北京：原子能出版社，2007.

新加坡等发达地区也相继成立了许多健美操活动中心及俱乐部。

20 世纪 80 年代初健美操传入我国，当时在北京、上海、广州等城市先后举办各种形式的健美操短期培训班。1984 年北京体育学院（现北京体育大学）成立了健美操教研室，开设了健美操课程。1986 年在广州举行了第一次全国女子健美操表演赛；1991 年全国大学生健美操、艺术体操大奖赛在北京举行。1992 年 9 月中国健美操协会在北京成立，极大地促进了我国健美操运动的发展。

20 世纪 90 年代以来，我国的健美操运动发展很快，1996 年制定了我国统一的健美操竞赛规则《健美操竞赛裁判法》，在 1997 年全国健美操运动会中第一次使用。随着健美操运动水平的不断提高和日益普及，我国健美操运动逐渐走向世界，1999 年我国正式采用国际体操联合会健美操委员会竞赛规则，这是我国健美操运动与国际接轨的标志。

目前，由于健美操运动正处于发展成型期，我国健美操运动尚处于群体自发期，属起步阶段，所以健美操运动水平与世界强队相比尚有差距。

九、体育舞蹈

舞蹈产生于人类的生活、劳动和情感，是一种人体文化。舞蹈艺术居艺术之首，它随着人类的社会演变和文化进程而发展。研究表明，各种舞蹈都起源于原始舞蹈，体育舞蹈也不例外。体育舞蹈的发展过程经历了原始舞蹈—公众舞—民间舞—宫廷舞—社交舞—新旧国际标准交际舞等发展阶段。体育舞蹈的前身就近来说是社交舞，也称交际舞、交谊舞。

社交舞也称舞厅舞、舞会舞，起源于西方。经过不断地加工，汲取各类舞蹈的精华，逐渐形成了当今的各种流派。

社交舞早在 14—15 世纪已在意大利出现，16 世纪末传入法国。1768 年，巴黎开办了第一家交际舞厅，由此社交舞开始流行于欧美各国，成为一种普遍的社交方式。

1924 年，英国皇家舞蹈教师协会对当时社交舞的一部分进行整理，将 7 种舞的舞姿、舞步和跳法加以系统化、规范化，从此人们将规范化的华尔兹、探戈、维也纳华尔兹、狐步、快步舞和伦巴、布鲁斯称为国际标准舞。第二次世界大战后，英国皇家舞蹈教师协会又整理了拉丁舞蹈并将它纳入国际标准舞（以下简称国标舞）范畴，列入正式比赛项目。至此，国标舞包括现代舞系列和拉丁舞系列两大类。

国标舞和体育舞蹈的发展历史表明，国标舞产生于 20 世纪 20 年代初，成形于 20 世纪 60 年代初，发展普及于 20 世纪 70 年代以后。第二次世界大战后的 20

世纪五六十年代，风靡一时的“新潮舞”摇滚和迪斯科，其影响曾波及国际舞的发展。从 20 世纪 70 年代起，世界思潮回转趋向稳定和平衡，反映在艺术上又开始崇尚高雅文明和经典艺术。在这样的环境中，文明典雅和严格规范的国标舞和体育舞蹈获得了发展。久负盛名的英国、丹麦、挪威、德国和澳大利亚的选手近十年来在国际大赛中连连夺冠，同时亚洲的一些国家如日本、新加坡，随着 20 世纪 70 年代经济的崛起，国标舞也得到了迅速的发展，在 1985—1986 年的国际比赛中，日本选手进入了世界前 6 名。近年来，独联体和东欧的一些国家奋起直追，积极开展体育舞蹈并取得了良好的成绩。

我国体育舞蹈的开展受西方文化的影响，交谊舞率先进入上海市。20 世纪 30 年代以后，交谊舞在天津、广州等大城市广泛流行。中华人民共和国成立后，国内盛行内部舞会，通常由各地的工会、共青团、中华全国妇女联合会组织舞会，大家一起跳交谊舞。20 世纪 80 年代初，随着改革开放的进一步深入，体育舞蹈在我国也进入了一个新的发展时期。外国专家及优秀选手纷纷来华讲学、表演、交流、培训，体育舞蹈迅速从北京、广州向全国推广。1989 年，中国舞蹈家协会正式成立了中国国际标准舞总会。20 世纪 90 年代后改名为中国国际标准舞学会，并且于 1987 年举办了第一届全国国际标准舞锦标赛，以后每年一次。1991 年 5 月 3 日以国际体育舞蹈俱乐部为前身的中国体育舞蹈运动协会宣告成立，中国体育舞蹈培训中心在全国各地广泛开展培训工作，并且每年都聘请外国专家、教师来华传授体育舞蹈技艺并考核国家级、省级教师和裁判，有力地推动了我国体育舞蹈的发展。

国际奥林匹克委员会（简称国际奥委会）于 1995 年 4 月决定给予交谊舞（体育舞蹈）以准承认资格。国际奥委会的认可为体育舞蹈开辟了广阔的天地，体育舞蹈将会进一步发展，水平也将迅速提高。

第四节　极限休闲体育项目

一、登山

登山运动是一项没有固定场地、无观众现场助威，靠自己的顽强拼搏精神，在群峰耸立的特定地理环境中，从低海拔的平缓山地向高海拔的指定高峰挺进、攀爬的专项体育活动。

1786年8月6日，一名叫巴卡罗的山村医生与当地山区水晶石采掘工人巴尔玛结伴，首次登上了阿尔卑斯山的主峰——勃朗峰。这以后人们把登山运动也称为“阿尔卑斯运动”，并把1786年作为登山运动的诞生年，德·索修尔、巴尔玛等人则成为世界登山运动的创始人并得到了国际登山界的认可。1850—1865年，阿尔卑斯山区的登山运动发展极为迅猛。1857年成立了世界上第一个国家性的登山组织——英国登山俱乐部并出现了所谓的“阿尔卑斯黄金时代”。

1950年到1964年是人类高山登山运动的一个重要发展阶段。世界登山史将此阶段称为“喜马拉雅黄金时代”。1953年5月，英国登山队的依·希拉里和藤辛·诺尔盖从南坡登上珠穆朗玛峰，这是人类登山史上首次成功登上世界最高山峰。

我国登山运动始于20世纪50年代，几十年中，实现了人类双跨（从南北两个方向登顶）世界顶峰和完成世界七大洲最高峰的攀登等壮举。1964年5月2日，我国登山队许竞（队长）、王富洲等十名运动员首次成功地登上海拔8012米的世界第十四高峰——希夏邦马峰，创造了十名队员集体登上8000米以上高峰的世界纪录。

如今，登山运动已经成为世界上最惊险、最刺激、最能表现人的精神风貌的户外休闲运动之一，受到越来越多青年的喜爱。2023年全国群众登山健身大会金寨站暨“体彩杯”全国登山赛5月14日鸣枪开赛，本次赛事吸引了来自全国各地的1300余名登山健身爱好者参加，体验在大别山的山路上奔跑的快乐。

登山运动根据其运动目的可分为旅游登山、竞技登山和探险登山三类。旅游登山是以锻炼身心、观赏浏览、领略风光为目的的群众性登山活动；竞技登山是人们为克服特定登山路线上的困难，各自徒手或借助于一定器械而进行的攀登技术的竞赛；探险登山主要是指人们在一定的器械和装备的辅助下，以经受各种恶劣自然条件的考验，攀登高峰绝顶（在雪线以上）为目的而进行的登山运动。以旅游登山为主的群众性户外运动已成为人们休闲的主要形式。

二、攀岩

攀岩是人类利用原始的攀爬本能，借以各种装备做安全保护，攀登岩石所构成的峭壁、裂缝、大圆石以及人工岩壁的运动。

根据不同的地貌特点，可将攀登技术分为岩石作业和冰雪作业两大类。其中，岩石峭壁的攀登技术简称攀岩技术。攀岩运动，又被人们誉为“岩壁上的芭蕾”。

攀岩至今已有一百多年的历史。早在1865年，英国登山家、攀岩运动创始人埃德瓦特首次用简单的钢锥、铁锁和登山绳索等技术装备成功攀登上了险峰。1890年，英国登山家马默里又改进了攀登工具，发明了打楔用的钢锥和钢丝挂梯以及各种登山绳结，把攀岩技术推进到了新的阶段。

但是，种种难度较大的攀岩竞赛则是在20世纪50年代末60年代初才出现的。我国从1987年起已先后举办了五届全国性的攀岩比赛，比赛项目有男女单人攀登赛、双人结组攀登赛和人工岩场的攀登比赛。但不论哪种比赛都是以攀岩技术为基础而发展起来的。攀岩技术还可以运用到科学考察、工程技术、消防、建筑等领域。开展这项运动，不仅经费开支少，而且装备简单，还具有难、险、新以及竞争性和实用性强等特点，因此深受广大群众喜爱，各地每年都会举办丰富多彩的攀岩活动。

三、蹦极

蹦极就是跳跃者站在约40米（相当于10层楼高）高度的桥梁、塔顶、高楼、吊车甚至热气球上，把一端固定的一根长长的橡皮绳绑在踝关节处，然后两臂伸开，双腿并拢，头朝下跳下去。绑在跳跃者踝部的橡皮绳很长，足以使跳跃者在空中享受几秒钟的“自由落体”。当人体落到离地面一定距离时，橡皮绳被松开、绷紧，阻止人体继续下落，当到达最低点时，橡皮绳再次弹起，人被拉起，随后又落下，这样反复多次直到橡皮绳的弹性消失为止，这就是蹦极的全过程。

蹦极源于英文“Bungy”或者“Bungee”，为什么会有两个名字呢？可能的原因有两个：第一种说法是Bungee最早出现于牛津极限运动俱乐部，他们管这项运动叫做Bungee。这项运动在新西兰叫Bungy，极有可能是由于拼写错误，但是由于在新西兰推广得很成功，人们普遍接受了Bungy，所以就有了这个词。第二种说法是Bungy和Bungee是有差别的。Bungee所用的绳索是用多种材料复合而成，在北美通常用5/8英寸军事规格的绳索，伸缩率能达到210%，它的特点是有更高的自由落体，反弹时间更长，感觉更刺激。Bungy发源于新西兰，使用的绳索是橡皮绳（具有无限的伸缩），有可变的制动系统，能控制最大伸缩距离。它的特点是比较低的速度，比较高的反弹，感觉平稳，特别适合绑踝跳。

蹦极时每小时速度超过55千米。尤其是80%反弹的感觉最为过瘾，反弹大约4～5次，蹦极过程约5秒，想体验蹦极的人都可以体验一下刺激的感觉。当居高临下站在高桥上的时候，所有聚集于此的观众都将准备好加油喝彩，这时会有两位专业的指导教练上前做最后一次的安全监察，确定无误后便开始5秒的倒数计时，然后参与者两臂伸开，双腿并拢，头朝下跳下去。

四、轮滑

轮滑运动，过去人们一般称为滑旱冰，它是滑冰在陆上辅助训练过程中逐渐演变形成的运动项目。苏格兰人在1700年创造性地制造了第一双轮滑鞋，从此轮滑运动在欧洲诞生并开始发展。

真正的轮滑鞋是由美国的詹姆斯·普利姆普顿于1863年发明的，是一双四个轮子且轮子并排排列的轮滑鞋。1866年，詹姆斯在纽约投资开办了第一座室内轮滑场并组织了纽约轮滑运动协会，首次将轮滑运动列入体育运动正式比赛项目，轮滑运动迅速传遍欧洲各国。1879年，英国成立了国家滑冰协会。四年后，轮滑运动也归该协会管理。1924年，国际轮滑联合会成立，现在总部设在西班牙的巴塞罗那。

作为一种娱乐项目，轮滑于19世纪末传入我国。而作为一种体育项目，轮滑在20世纪80年代初才开始在我国发展起来。目前，轮滑运动在我国还处于发展阶段。目前我国每个城市至少都有几个溜冰场，不仅青少年参与，一些中年人、老年人也纷纷参与，成为一项普及面较广的群众性体育运动。

轮滑运动集健身、竞技、娱乐、趣味、技巧、休闲于一身，同滑冰运动相比，它更刺激、惊险。轮滑受气候和场地条件的限制较小，其用具携带方便、技术容易掌握，而且具有健身、休闲等多重功效，所以深受中青年和少年儿童的喜爱。随着该运动的不断完善，轮滑运动如今越来越普及，已经成为都市休闲健身生活的一种新时尚。相对别的体育运动来说，轮滑有许多特色，如环保性，轮滑运动本身不会产生任何污染，是一项时尚的健康运动；娱乐性，轮滑有很强的娱乐性和趣味性，通过这项运动，人们可以从紧张的学习和工作中解脱出来，达到放松身心的目的；健身性，轮滑可以有效地改善和提高运动者的机体中枢神经系统的功能，提高呼吸系统、消化系统、血液循环系统功能，全面协调和综合发展人体在速度、力量、耐力、灵敏性等方面的素质，增强臂、腿、腰、腹肌的力量和身体关节的灵活性，特别对提高人的平衡能力有很大的作用；工具性，轮滑具有很多体育项目所不具备的一个特性，那就是在平整的路面上，轮滑可以作为代步工具。

五、滑板

滑板是冲浪运动在陆地上的延伸。前者受地理和气候的限制，而后者则有更大的自由度。

20 世纪 50 年代中后期，美国南加州海滩社区的居民们发明了世界上第一块滑板，一块 50 厘米 ×50 厘米的木板固定在轮滑的铁轮子上，因为它能给人们带来和冲浪相同的感受，开始受人瞩目。

第二代滑板诞生于 1962 年，由橡木多层板压制而成的板面、轮滑转向桥和塑料轮子组成。但是，这种滑板的塑料轮的性能依然不理想。它的过小的附着摩擦力使滑板转弯时失控，而它的低弹性则使滑板遇到即使微小的障碍物也会戛然而止，把滑手摔下来。同时，它的耐磨性也很差。尽管如此，这种滑板仍然受到滑手们的普遍欢迎。

1973 年，一个叫弗兰克的滑板爱好者首次将聚氨酯轮子安在他的滑板上并取得了意想不到的效果。这种柔韧的轮子不仅耐磨，而且可以使滑板安全稳当地急转弯，轻而易举地碾过地上的小障碍。这就是第三代滑板。由于滑板是冲浪运动的衍生，20 世纪 70 年代的滑板文化带着冲浪的印记，滑板爱好者修建的滑板公园都是在模拟冲浪的地形。直到美国加州圣塔莫尼克的“西风”滑板队摒弃了冲浪道具，首次把钥匙孔游泳池作为练习垂直表面滑板的场地，并在全美掀起了泳池滑板热，至此，滑板运动从冲浪中彻底分离了出来并形成了自己的技巧、服饰风格和音乐爱好。

20 世纪 80 年代末，由于滑板运动本身的发展和滑手们对滑板技巧要求的提高，以及为了适应双向滑行的需要，一种与前三代滑板形状完全不同的两头翘起、形状对称的滑板出现了，这就是第四代滑板，制作这种滑板的材料叫硬岩枫，重量更轻，弹性更好。滑板轮硬度高，弹性好，更适合高速滑行。由于重量平衡，第四代滑板更适合各种翻转动作。

20 世纪 90 年代初，滑板从一头改为两头，因而出现了许多前一代滑板不可能完成的动作。这个时期是滑板运动的技巧性动作时代。滑手们发明了很多新的动作。同时为了使滑板更容易翻转，滑板板面变得很窄，轮子变得很小。

现在国际上极限运动比赛常用的滑板属于第四代滑板，板面普遍以五层、七层或九层枫木板微波冷压制成，也有用铝合金、碳纤维等材料所做成的。板面上粘上一层防滑层（俗称“砂”），轮子一般采用聚氨酯为主要材料，用合金制成的滑板支架（又称“转向桥”）与板面相连。

随着滑板运动的开展，滑板技术直追其始祖冲浪运动。盖范特发明了带板跳，使滑板界更注重高技术的表演，产生了诸多滑板明星。由滑板商、著名公司组织的巡回品牌推广活动给商家带来了巨大利益，已成为工业市场学的常用手法。滑板运动员的泥土感很重的衣着、怀旧球鞋一度成为世界潮流，而相关音乐的发展也达到了鼎盛，其语言、技巧、服饰和音乐构成了独具特色的滑板文化。

滑板运动以滑行为特色，崇尚自由的运动方式，给滑者带来成功和创造的喜悦。滑板运动不同于传统运动项目，不拘泥于固定的模式，需要滑手自由发挥想象力，在运动过程中创造，以创造力来运动，强调身心的自由，推崇与自然互相融合的运动理念。滑板运动富有超越身心极限的自我挑战性、观赏刺激性、高科技渗透性。人在运动中完善人性、回归自然的本质重新被充分强调。

六、卡丁车

卡丁车运动是汽车运动中的一个特殊类别，它不仅是汽车场地竞赛中的一个项目，同时也是一个休闲体育项目。

卡丁车的结构简单，操纵简便，无车体外壳，在专门修建的运动场地内的环形曲折道路上行驶，是一项安全又很有魅力的运动。安装初级发动机的车辆最高时速大约是 100 千米，而安装高级竞赛发动机的车辆能达到 160 千米以上的时速。同时，由于车型小巧，车底板距路面仅 4 厘米，车手实际感觉到的速度要比车辆实际速度快 2～3 倍，就是说感觉时速在 300 千米以上。在驾车转弯时，会产生像一级方程式赛车转弯时那样的横向加速度（3～4 倍于重力加速度），使驾驶者体验到一种平时体验不到的乐趣。驾驶卡丁车不仅可以给驾驶者带来感官上的刺激和乐趣，还能对青少年进行技能教育，培养他们不畏艰苦及挫折、勇于拼搏的精神和良好的心理素质，自觉遵守纪律和各项法规，树立良好道德观念，适应社会发展，普及汽车驾驶技术、汽车基础理论知识和机械常识，提高动手能力的好课堂。

卡丁车运动于 1940 年在东欧开始出现并逐渐推广，20 世纪 50 年代末才在欧美普及并迅猛发展，当时这种运动称为“高卡”。后来，人们已不再满足于用卡丁车仅进行休闲运动，而以竞速比赛为主要形式的卡丁车竞技活动也广泛开展起来。为了防止该项运动自流和指导其正确发展，统一标准便于管辖，以及在全世界推广卡丁车运动，1962 年，由国际汽车联合会时任主席巴莱斯特创议成立了国际汽车联合会卡丁车委员会，负责在世界范围内普及卡丁车运动，监督实施统一的规则和技术标准。经过近些年的演变，1978 年，卡丁车委员会经改组成立了国际汽车联合会新的卡丁车委员会。从那时起，卡丁车运动有了很大的改变，形成了现代卡丁车运动，从而也使卡丁车进入了一个新的发展时期，并使其成为培养方程式赛车车手的基础和桥梁。

1997 年 10 月，国际汽车联合会根据全世界卡丁车运动的发展状况，经代表大会表决一致同意将国际汽车联合会卡丁车委员会更名为世界卡丁车联合会。国际汽车联合会卡丁车委员会自成立以来，在全世界颁发了多张赛手执照，每年要举办上万次各类比赛，列入国际赛事年历的比赛有百余项，全世界的优秀选手每年都要参加卡丁车委员会组织的世界锦标赛，为世界汽车运动的发展起到了相当大的推动作用。由于卡丁车是世界方程式赛车的最初级形式，经过年复一年的努力，卡丁车运动结出了丰硕的果实，已有数十名卡丁车赛手进入了世界方程式赛车赛手的行列。在这个阶段中，所有的一级方程式赛手都是来自卡丁车赛手的队伍，有些已成为世界冠军，像著名的巴西车手埃尔顿·塞纳、法国车手阿兰·普罗斯特、英国车手尼盖尔·曼塞尔、德国车手迈克尔·舒马赫等，因此卡丁车运动被誉为是一级方程式赛车车手的摇篮。

中国汽车运动联合会于 1995 年加入国际汽联卡丁车委员会，为使卡丁车场地的建设和运动纳入正规发展的轨道，尽快与国际接轨，中国汽车运动联合会按国际汽联卡丁车委员会的规定制定了全国卡丁车运动规则。

七、定向越野

定向越野起源于瑞典，最初只是一项军事体育活动，后来逐渐演变成为一项户外体育运动项目。定向这个词在 1886 年首次使用，意思是在地图和指北针的帮助下越过不被人所知的地带。最初的定向比赛于 1895 年在瑞典斯德哥尔摩和挪威奥斯陆的军营里举行。

定向越野是一项高度发挥个人智慧和体能的户外运动。这种根据自己能力选择路线行进的运动是极为独特而令人兴奋的，每一次的行进路线都不同，只有脑力与体力协调配合才能取得期望的理想成绩。定向越野不仅是一项专业的运动体育项目，还是任何喜爱户外运动的人都可以参加的一项大众体育项目。定向越野通常在森林、郊外和城市公园里进行。

定向越野运动对国人而言或许有点陌生，但在欧美各国已风行多年，参与活动者需要利用地图及指北针判读地形、地势、方向等，穿越那不可知的地区，活动内容相当丰富并充满趣味性。在定向运动的世界里能充分地与大自然结合，体验与大自然合而为一的感受。定向越野还是一项健康和智慧型的体育项目，是智力与体力并重的运动，它不仅能强健体魄，而且还能培养人独立思考和独立解决困难的能力，以及在体力和智力受到压力下迅速做出反应、果断决定的能力。定向越野更是一项将人融于自然环境的体育项目，走进自然是因为热爱自然，同时也应保护自然，并遵守自然环境规则。

八、滑冰

晶莹剔透的冰面总是令人神往，快如闪电的速滑、婀娜多姿的冰上舞蹈以及令人目不暇接的花样滑冰既是现代人强身健体的冬季主要休闲项目，也是现代冬季奥运会的主要竞赛项目。

滑冰的产生与人类生活生产有密切的关系，有关滑冰的最早记载是在公元936年。最原始的冰上滑行器用动物骨制成，古人将兽骨系于鞋上，在冰封的湖泊、河道上滑行。在8—10世纪，瑞典就有了骨制冰刀，随后逐渐出现了木制冰刀。1250年，荷兰人制作了固定在木板上的铁制冰刀。1572年，英格兰的一名铁匠制成了第一副有锋利内刃、外刃和前端刀尖弯曲的全铁式冰刀，全铁式冰刀的出现标志着现代滑冰运动的开始。1742年，英国成立了第一个滑冰俱乐部。1809年，英国出版了最早的滑冰书籍。1814年，最早的滑冰比赛也在英国举办。1850年，钢制冰刀问世，现代滑冰运动进入一个全新阶段。1889年，荷兰阿姆斯特丹举办了首届国际速滑比赛，十三个国家参加了比赛，并商定每年举行一届世界性速滑比赛。1936年，第一届女子速滑锦标赛举行。1924年，男子速滑项目进入奥运会，1960年，女子速滑项目进入奥运会。

花样滑冰起源于欧洲，最早流传于荷兰。1683年，英国在泰晤士河举行了一次盛大的马戏表演，荷兰船夫表演的精湛滑冰技艺给英国国王和观众留下了深刻的印象，从此英国上层人士开始喜欢并纷纷参与这项活动，花样滑冰因此带有与英国上层人士相适应的绅士风度。花样滑冰在欧洲发展的同时，在北美洲也取得了很大进步。18世纪后的大约一百年时间，花样滑冰的规定图形及其完成的主要技术方法基本确定。19世纪中叶，世界花样滑冰开始进入快速发展时期。1860年，美国滑冰爱好者杰克逊首次将滑冰技巧与华尔兹舞曲相配合进行表演，为现代花样滑冰开创了新范例。1887年，首届花样滑冰国际比赛在俄国彼得堡举行。1896年，首届世界花样滑冰锦标赛举行，从此每年定期举办一届。当时比赛仅设男子项目、女子单人滑和双人滑。1908年，花样滑冰被列为奥运项目，但未能进行比赛。1920年，比利时安特卫普奥运会设有男女单人滑和双人滑三个项目。

20世纪30年代，现代花样滑冰传入我国，最早在哈尔滨、长春、沈阳、北京和天津等地的学校开展训练。1943年，在延安冬季运动会上，选手进行了花样滑冰表演。1953年2月，首届全国冰上运动会进行了男女单人滑比赛。1980年，我国首次参加第十三届冬奥会，同年3月参加多特蒙德世界花样滑冰锦标赛，我国的花样滑冰队从此走上世界，成为世界花样滑冰的劲旅之一。在2007年世界花样滑冰锦标赛上，我国名将申雪、赵宏博第三次获得冠军，我国名将庞清、佟健获得亚军。

九、滑雪

滑雪运动充满了惊险、刺激与挑战，是受现代人欢迎的户外休闲健身运动之一。

滑雪是手持滑雪杖、足踏滑雪板在雪面上滑行的运动，立、板、雪、滑是关键要素。从历史沿革角度，滑雪运动可划分为古代、近代、现代滑雪；从滑行的条件和参与目的可分为实用类、竞技类和旅游类（娱乐、健身）滑雪。

滑雪运动在欧洲和北美许多国家是冬季最受欢迎的休闲体育项目。在美国，滑雪爱好者有 1200 万之多，其中 800 万人每个雪季在雪道上的时间少于 9 天。[①] 在我国，1996 年以前，滑雪运动还仅限于专业运动员和驻京外国使馆、商社的滑雪爱好者；2022 年，随着北京冬奥会的圆满结束，首钢滑雪大跳台也面向公众开放，由此吸引了大量的游客参观体验。

滑雪运动，特别是现代竞技滑雪发展至今，项目不断增多，领域不断扩展。目前，世界正规比赛的大项目有高山滑雪、北欧滑雪、自由式滑雪、冬季两项滑雪、雪上滑板滑雪等，各大项又分成众多小项。纯竞技滑雪具有鲜明的竞争性、专项性，相关条件要求严格，非一般人所能具备和适应。而休闲滑雪是出于娱乐、健身的目的，受人为因素制约程度很轻，男女老幼均可在雪场上轻松、愉快地滑行，尽享滑雪运动的无穷乐趣。高山滑雪具有惊险、优美、自如、动感强、魅力大、可参与面广的特点，所以被视为滑雪运动的代表，更是休闲滑雪的首选和主体项目。另外，休闲滑雪项目还有单板、超短板、越野滑雪等，其中越野滑雪是在低山丘岭地带的（平地、下坡、上坡各约占 1/3）长距离滑行，虽然远不如高山滑雪，但从安全和健身角度来看却更具参与性。超短板、单板滑雪比高山滑雪更具有刺激性，技术更灵活，但在我国尚未普及。

高山滑雪的规范竞赛项目有滑降、超级大回转、大回转、回转、全能等。高山滑雪的技术种类很多，如不同的滑降技术，多变的转弯技术，应急的加速、减速、停止技术，惊险的跳跃技术及特殊技术等。一般初学者应根据自身的体育素质、年龄、滑雪基础、场地条件、可投入的时间等因素选取滑雪入门的最优方案。

---

① 腾讯网．有趣的数据：美国加拿大究竟有多少人滑雪？[EB/OL].(2021-11-04)[2023-05-15]. https://new.qq.com/rain/a/CCE2021110400313800.

初学者切忌急躁、随意、莽撞，因滑雪运动是在滑动中操纵技术，重心不易控制，易形成错误动作，因此从入门的第一天就应在专业人员的严格指导下，在姿势、要领、动作方面做到三正确。

十、冲浪

冲浪是人站立在冲浪板上，或利用腹板、跪板、充气的橡皮垫、划艇、皮艇等驾驭海浪的一项水上运动。不论采用哪种器材，都必须具有很高的技巧和平衡能力，同时还要善于在风浪中长距离游泳。

早在1778年，英国探险家库克船长在夏威夷群岛就曾见过当地居民玩这种活动。1908年后冲浪运动传到欧美一些国家，1960年后传到亚洲。冲浪运动以海浪为动力，要在有风浪的海滨进行，海浪的高度要在1米左右，最少不低于30厘米。夏威夷群岛常年有适合冲浪运动的海浪，特别是冬天或春天都有从北太平洋涌来的海浪，浪高达4米，可以使运动员滑行800米以上。因此夏威夷群岛一直是世界冲浪运动的中心。

最初使用的冲浪板长5米左右，重50～60千克。第二次世界大战后，出现了泡沫塑料板，板的形状也有改进。现在用的冲浪板长1.5～2.7米、宽约60厘米、厚7～10厘米，板轻而平，前后两端稍窄小，后下方有一起稳定作用的尾鳍。为了增加摩擦力，在板面上还涂有一种蜡质的外膜。整个冲浪板的重量只有11～26千克。

冲浪运动曾创造了许多令人难以置信的奇迹。例如，1986年初，两名法国运动员庇隆和皮夏凡脚踩冲浪柱，从非洲西部的塞内加尔出发，横渡大西洋，二月下旬到达中美洲的法属德罗普岛，历时24天12小时。

冲浪运动是相当惊险的一项休闲运动。脚踏冲浪板，出没在惊涛骇浪之中，即使熟悉水性、有高超技巧的人，也难免发生危险。因此，随着冲浪运动的发展，冲浪救生活动也在不断发展。

冲浪运动首届世界锦标赛于1962年在澳大利亚的曼利举行，其后每两年举行一次比赛。比赛主要根据冲浪者在规定时间内完成的冲浪数量和质量，采用20分制进行评分，如在30分钟内冲3个浪或45分钟内冲6个浪，再根据冲浪运动员冲浪的起滑、转弯、滑行距离和选择浪的难易程度等进行评分。

冲浪运动可分为长板冲浪和短板冲浪。长板冲浪是正式比赛中最常用的一种，短板冲浪又称腹板冲浪，多用于初学和提高技术的练习中。还有一种人体冲浪不用冲浪板，而是靠身体挺直浮在波浪上，划动四肢控制方向。人体冲浪和短板冲浪很近似，上体伏贴在板上用脚打水，还可戴脚蹼加快划行速度，当达到一定速度时，就可借助波浪起伏其间，体会利用波浪的技巧。

冲浪的玩法不同，难度和技巧性也不同，竞速及曲道两种玩法讲究的是速度及过弯的技巧，不同的是前者是直线竞速，大都在极强的风浪下进行，目前世界上的直线疾速记录为 94 千米／小时，而一般的玩家平常的速度大约有 40～50 千米／小时。曲道则是采用绕浮标的方式来进行比赛，除了速度，稳定性、过弯及角度都是曲道迷人的地方，也由于曲道的水域大都是浪况较小的环境，所以如果玩家不慎落水，也不太容易造成受伤或装备损坏的情形发生。另外。还有花式和浪区的玩法，花式玩法一般都是在碎浪区或平水区做较大的动作，如空翻、跳跃、花式转帆及空中转向等，此种玩法难度及危险性都较高，要有一定的程度才可学习，而且最好是有专人指导，否则人和装备都很容易受伤。浪区的玩法则是一种难度更高的玩法，从基本的过浪、浪前转向，一直到下浪、上浪、飞跃、空翻、浪上 360° 空翻等，每一个动作都需要高度的技巧，而在浪区玩风浪板的玩家必须是已经有一定的冲浪基础，对海流、潮汐、地形及浪况的分析也需有所认识，否则会很难进入状态。冲浪的学习必须是循序渐进的。

第四章　休闲体育的发展推广

随着社会和经济的进步，人们对生活品质的追求也日益增强。因此，融合了休闲、健康与时尚元素的休闲体育已逐渐成为人们追求更优质生活的首选活动。本章为休闲体育的发展推广，依次介绍了休闲体育文化的构建、休闲体育管理、休闲体育营销、休闲体育产品开发与设计。

第一节　休闲体育文化的构建

休闲体育活动反映了现代社会中的人们从追求物质满足转向对心灵满足的追求，正如亚里士多德所言："休闲是哲学、艺术和科学诞生的基本条件之一。"①

一、休闲体育与不同文化类型的互动

如果从古希腊哲人的观点来认识休闲体育，它是一种生活方式。从现代社会的视角来看待休闲体育，它标志着人从物质需求的满足转向对精神需求的满足，休闲体育本身就是一种文化活动。同时，人也是一个社会化的动物，是处于自己编织的意义之网上的物象，而这个意义之网就是文化。所以，作为生活方式的休闲体育必将与文化诸领域有着千丝万缕的联系，文化诸领域也都会影响到休闲体育活动和休闲体育行为。例如，与休闲体育密切相关的时间观念就是一种文化事项。

对文化诸领域的划分历来就很难找到一个标准的范本。文化事项的多元化、文化结构的多层次化给这种划分带来极大的困难。下面将从主流文化、地域文化、大众文化、精英文化与休闲体育的互动四个方面对休闲体育与文化进行分析。

（一）主流文化与休闲体育的互动

在我国，主流文化是指社会主义生产方式、政治、法律等制度下所反映出的

① 李弋. 电视节目休闲功能研究 [M]. 重庆：西南大学出版社，2021.

文化取向、价值观念和根本意志。主流文化的产生和发展与国家性质息息相关，以国家根本利益为目的，具有教育和引导的作用，它的表达方式一般由组织集体意识、建立文化权利的象征来完成。主流文化通过统一性物质和象征性形式如宪法、国旗、国歌、学校课程、军事力量、媒介等建立起法律、规章、习俗、语言、宗教、商业体系、教育等。

尽管随着大众文化、区域性的亚文化逐渐兴起和复苏，主流文化的控制力有所减弱，但对于作为建制性的休闲体育文化而言，其指导作用仍很突出。首先，主流文化指导和规制着休闲体育时间的长短。这一点可从我国居民休闲体育时间的发展历程看出来。自双休、春节假期、国庆假期等休息制度改革以来，人们的休闲理念和行为也逐渐丰富起来，这正是促进休闲体育产业发展的政策导向。休闲体育政策保证了人们拥有大量的休闲体育时间，使休闲体育活动的产生成为可能。其次，主流文化通过政策引导和调控着人们的休闲体育方式。国家通过制定一系列的条例、措施，监管和控制着休闲体育场所的供给和产品的提供，由此来引导人们参加休闲体育活动；还可以通过制定学校教育大纲、实施学校教育来培养人们对休闲体育的兴趣，从而达到规范休闲体育行为的目标。最后，主流文化引导着人们的休闲体育取向。主流文化趋向于统一、集中、整体、权威，并倡导积极的社会道德规范体系，通过这种方式引导着人们休闲体育的价值取向。例如，西方中世纪时期宗教掌权，要求人们严格墨守清教徒的戒律，控制人们的休闲体育活动，把休闲体育与享乐、懒惰等同起来，对休闲体育存在偏激的舆论，在一定程度上制约着休闲体育的发展。

不过，休闲体育也与主流文化之间有一个互动的过程。民间流传的积极的休闲体育方式、大众对休闲体育的认知等也会逐渐被主流文化所接受，融入其中。例如，现在在大众中所倡导的积极、科学、创造性的休闲体育活动就是随着人们对休闲体育认知的不断提高，逐渐被主流文化认同。

（二）地域文化与休闲体育的互动

詹姆斯·罗尔认为：“国家内部的地区扮演着重要的角色，因为当它们提供不同口音和选择时——有时与国家意识形态和文化相对立——人们用来改变他们的文化偏好、习惯和身份。”① 由于地域条件的不同，对于个体来说，地域文化则是他们存在的特定标记和象征。例如，北京人、上海人、广州人都是在中华文化这个大范围中的文化身份的一个标记。由于地域文化是在长期的历史发展中不断形

① 叶文，王越平，马谊妮．城市休闲旅游：理论·案例 [M]. 天津：南开大学出版社，2006.

成并巩固下来的群体性文化，因而与特定的地域环境有着密切的联系，并且也具有一定的认同边界。在不同的地域环境的背景下，历史发展进程、文化传统能影响到不同休闲体育文化的形成，在不同的文化语境下，价值观、认识论均会有很大的不同。

地域文化与休闲体育的互动主要表现在以下几方面：首先，作为文化核心的价值观决定着人们对于休闲体育的取向和态度。价值观作为文化中最稳定的物质，对文化诸要素都起着决定作用。其次，地域文化作为一个文化共同体，是当地居民关于休闲体育的地方性知识。地域文化与休闲体育的互动作用，不仅体现在构成地域文化诸要素的文化因子对休闲体育观念的影响，同时也是当地人结合传统观念形成的对休闲体育的阐释。例如，杭州与昆明都是很具休闲体育氛围的城市，但杭州人对休闲体育的追求更多地是物质充裕之后的享受性的休闲体育，追求休闲体育的内容，而昆明人对休闲体育的追求是不在乎休闲体育的内容，而在于闲适的感受及体验。地域性的休闲体育观念是人们在长期的生产活动中创造和建构起来的，不同的思维习惯、生活方式、生活态度等都会影响到休闲体育观念的形成。

当然，一个地域的休闲体育传统不仅源自当地文化，同时外来的休闲体育理念也在影响和改造着当地的休闲体育观。任何外来的文化进入一个稳定的传统文化结构中必将发生调适性的变化才能被当地文化所接受，这就是文化涵化的过程，伴随这个过程的是当地文化的变迁。也只有在这样的不断互动的过程中，地域文化才能保持持久的生命力。新兴的、时尚的休闲体育方式进入当地社会后，经过当地人的改造，转变成为被他们所接受和认可的方式，这就是休闲体育与地域文化的互动效应。例如，台球在西方作为一种精英或者贵族阶层所推崇的休闲体育方式，进入我国后成为普通百姓普遍接受的休闲体育方式，其内涵和形式都发生了很大的变化，并创造出与西方相异的台球文化。

（三）大众文化与休闲体育的互动

大众文化是基于普通人创意所催生的艺术和风尚，它依据人们的喜好、兴趣和审美而在大众中传播。大众文化既是文化的创造者，同时也是文化的传播对象。詹姆斯·罗尔指出大众文化具有以下特征：①民间起源，人民之声；②普通阶层创造的象征性形式，共同的文化；③艺术、偏离，以青年为导向。[①] 可见，大众文化植根于人民大众，是大众形成的一整套象征性符号。此外，大众文化还具有很强的娱乐性和消遣性。

① 罗尔．媒介、传播、文化：一个全球性的途径 [M]. 董洪川，译．北京：商务印书馆，2005.

大众文化对休闲体育的价值取向和行为均会产生巨大的影响。首先，大众文化追求娱乐效应，这必定会对人们的休闲体育意识产生较强的影响。大众文化显著的特征就是其象征性，代表当今最流行的娱乐方式。例如，近年来较为流行的有登山、远足、滑翔等休闲体育运动类型。其次，大众文化中的娱乐色彩对人们的休闲体育观念倾向影响也越来越大。我国传统文化倡导淡泊明志、清新淡雅的休闲体育方式，传统的劳动至上、劳动光荣的工作理念忽视了休闲体育的重要性，单纯着眼于工作或休闲体育很难形成健康的休闲体育观念。而大众文化所倡导的娱乐观念对人们的休闲体育态度和认知具有重塑作用。影响休闲体育文化的因素复杂多样，如商业性、功利性等，然而休闲体育的尺度需要重点把握，极端地追求消遣性和娱乐性会导致休闲体育的庸俗化和休闲体育活动的低俗化。

此外，休闲体育也会对大众文化产生影响。休闲体育活动本身也是在创造一种新的娱乐方式和一种娱乐文化，它同样也具有时尚性的特征。休闲体育方式的兴起也被纳入大众文化的传播的内容中，与大众文化产生互动。

（四）精英文化与休闲体育的互动

顾名思义，精英文化是与社会精英阶层相联系的文化。在一定程度上，精英文化也代表了一个国家在一定的历史发展阶段的成就以及民族的情操修养。在整个社会的发展方向和整个民族的发展进程上看，精英文化始终占据着领导地位，对其他文化生活产生重要的影响。

精英文化对休闲体育的影响不仅体现在倡导创造性的休闲体育活动，同时也弥补了大众文化的空白，不断提供一种批判的、反思性的休闲体育观。一方面，精英文化用反思和批判的眼光来看待社会事物，为社会发展提供全新的精神动力和人文价值标准。精英文化对现有的休闲体育方式保有一定的批判，它持回到休闲体育的本原来看待休闲体育的观点，这一观点正在影响和改变着人们的休闲体育态度和休闲体育观，并推动着休闲体育的发展。另一方面，精英文化不断丰富着大众文化和市民文化的内涵，也充实着休闲体育文化的内涵。精英文化在批判民族文化传统、总结现实生活经验方面发挥着重要的作用。休闲体育质量和效率的低下会影响人们的健康生活。精英文化所倡导的追求意义和价值，无疑会给现今休闲体育的困境带来一剂良药，促使人们参与休闲体育运动。

当然，精英文化并不仅是精英阶层的文化，它只是在社会话语体系中掌握话语权的阶层对普通文化现象的阐释，因而它也需要从人们的生活中吸取养料。只有通过关注人们最基本的生活需求和文化需求，经过不断加工和提炼，才能做到不与实际生活脱离。因此，人们的日常休闲体育活动也会对精英文化产生影响。精英文化关注的应是人们在日常实践中所进行的阐释性行为所代表的文化意义，并将其引导、提升成为社会所认同的积极的休闲体育观念。

二、休闲体育文化的影响因素

文化是一个极其宽泛的概念，休闲体育文化作为人们在休闲体育活动中创造出来的物质文化和精神文化，与主流文化有着密切的联系。对休闲体育文化的分析必须从社会学、文化人类学的角度来分析，把休闲体育文化作为一种行为方式和生活方式来看待。

从休闲体育文化的内核来看，价值取向是其决定性的因素，休闲体育的文化形态受到不同的休闲体育价值观的影响，而其他因素则起到了自我调整的角色。然而价值取向又与地域文化有着密切的联系，因此地域文化（尤其是价值取向）也决定着休闲体育文化。自然环境条件的地域性对休闲体育文化的形成具有间接作用，另外，地区经济发展水平的差异和社会文明进程的差异也是制约城市休闲体育文化特征的重要因素。

（一）价值取向对休闲体育文化的影响

价值观是文化的心脏，它为人们提供了生活的方向和决策的基本框架。它确实展示了一个规范性维度，引导人们如何审视生活中的问题，判断哪些是值得追求的，哪些不必太过投入。简而言之，价值观是人们思考方式的具体表现。而价值取向则是价值观的实践体现，它代表我们对特定事物的观点和态度，受到自然、历史、生活习惯等多种因素的塑造，因而具有丰富性。因此，不同的文化背景下，人们会有不同的文化价值取向。这些取向的差异反映了人们在思考、行为、知觉、态度理解、动机和需求等方面的差别。这也意味着对于同一个问题的重视程度、遵循特定价值的强度，以及对某些价值的评价在各个文化中都有所不同。

观察价值取向的结构，可以发现人们对活动和时间的关系、空间和自然的关联等方面对休闲体育文化都产生了显著的影响。例如，那些更加注重未来的群体更可能对休闲体育持有正面看法，而那些与自然和谐相处的群体更倾向于选择与自然亲近的休闲体育方式。不同层次的价值观决定了不同的休闲体育态度。

（二）地域文化对休闲体育文化的影响

文化是人对其周遭环境的诠释和解读。它的适应性、融合性和多变性造成了不同地域的文化特色。在认知上，不同的社群持有独特的思考模式，这与他们所处的地理环境紧密相关。因此，各种地理条件孕育出各自的地域文化。然而，这并不意味着地域文化可以完全独立于其根源文化，与主流文化完全断裂。它更像是一种亚文化，更确切地说，是基于地理、历史、政治、经济、语言和宗教等差异而产生的地区性亚文化。在这些因素的共同影响下，地域文化在行为、思维、习俗、生产方式等方面形成了其独特的模式，并对更广泛的文化产生了影响。

1. 道德对休闲体育文化的影响

道德为人们建立了行为的标准与纪律，它为我们提供了判断行为的善恶、美丑、正邪、尊严与羞耻的尺度。道德则是一个社会体系，由社会构建和维护。它在社会中充当了法律之外的约束机制，通过非法律途径来引导和约束人们的行为，确保社会和谐发展。

2. 风俗习惯对休闲体育文化的影响

风俗习惯是一个民族文化的体现，它直观地展示了一个时代的民族气质和日常生活。人们初步的休闲体育行为与这些风俗和习惯紧密相连。古代的节日庆典和人生仪式活动可以被视为休闲体育的先驱。在社交互动中，人们建立了稳固的交际礼节和规范。随着时间的推移，这些元素大量地被吸纳进休闲体育中，进而孕育出独特的休闲体育文化模式。

3. 教育对休闲体育文化的影响

每个民族都拥有其独特的教育方式和内容，教育是民族继承并延续其传统文化的关键路径。通过教育，一个民族的文化理念得以沿袭，文化身份得以持续存在。教育的核心目标是让人们学会思考，帮助人们建立思维框架，培养个性。总体来说，教育旨在传承文化、促进转变并推动文化变革。为达到教育目标，不仅要依靠学校教育，家庭和社会的角色在教育中也至关重要。

在这种背景下，休闲体育的价值观得以传递给下一代，这不仅是文化遗传的方式，也是文化再创造的手段。从小，孩子就从他们的家人、同伴和朋友那里了解并学习关于休闲体育的观念，并根据这些观念形成自己的休闲体育态度和行为。

（三）经济发展水平对休闲体育文化的影响

一个地区的经济状况直接影响了其居民的消费能力、消费结构和消费习惯。经济因素也无疑影响了休闲体育文化。休闲体育不仅仅是一种追求心灵和身体舒缓的活动，它本质上也是一种消费行为，一方面，它代表了对服务的消费；另一方面，也是对时间的投资和消耗。只有当个体的收入达到某个水平时，他们才可能对休闲体育产生兴趣和需求。

（四）社会结构对休闲体育文化的影响

1．社会互动对休闲体育文化的影响分析

社会交往是人们在与他人互动中，为获得对方或旁观者的积极响应而有意识地调整自己的行为的一种过程。实际上，许多休闲体育活动都涉及这种互动。当人们参与这些活动时，他们不仅要遵循休闲体育的常规和规范，还需要遵循社交互动的未言之约。由于休闲体育本质上既是一种个体的体验又与精神状态紧密相关，所以它的实践往往是个体与其周围环境互动的结果。因此，当休闲体育活动融入社交互动时，这些互动必然会对其产生影响，从而使休闲体育行为得以调整。经过不断实践和反思，这种调整最终会形成一个符合集体认知的休闲体育行为和态度，对休闲体育文化造成深远的影响。

2．社会心理对休闲体育的影响分析

人是社会化的动物，我国古代思想家荀子说："人之生也，不能无群。"[①]说的就是这个道理。从一个人出生开始，他便与家庭成员建立起紧密的联系，形成了最原始的社交群体。随着年龄的增长，他进入学校，结交同龄的朋友，后来在职场上与同事互动，形成了更多的社交圈子。在这些群体中，个体既将自己的性格和心理特质带入其中，同时也受到群体特质的深刻影响，逐渐形成共同的价值观和行为准则。这种相互作用和影响使得个体在社会中承受来自群体的心理压力，并努力与之保持一致。在社会心理学的视角下，我们可以将这种影响分为三个主要方面：个体的社会化过程、人与人之间的互动关系以及群体对个体的整体影响。特别是后两点，在塑造和影响休闲体育文化方面，起到了不可忽视的作用。

3．社会年龄结构对休闲体育文化的影响分析

休闲体育文化作为满足人们对休闲体育需求的方式和对休闲体育的认识途径，会因为社会结构的变迁而逐渐演化。而在所有这些因素中，年龄结构对社会休闲体育文化的影响尤为显著。这主要是因为不同的生命阶段对休闲体育文化有着不同的需求和影响。由于人在不同的人生阶段面临的挑战和环境都各不相同，所以他们对休闲体育的态度和行为也会反映出差异。

生命历程，也被称作生命周期，它指的是从出生、成长到衰老的全过程。在这些阶段中，人的心理和生理状态都会发生转变。因此，在每一个阶段，人们所

---

① 丁祯彦，吾敬东．先秦哲人与哲学 [M]. 沈阳：辽宁古籍出版社，1995.

需的休闲体育活动也都会有所不同。例如，退休之后的人们可能更偏向于将休闲体育视为生活的重要组成部分，并且更偏爱那些低技能要求、静态的活动，如散步或看电视。但在年轻的时候，人们更重视自我发展，所以休闲体育活动可能更多地被用于社交。

同时，不同的生命阶段还会导致人们在学习和参与休闲体育活动时展现出不同的风格。总的来说，由生命阶段决定的各种因素，如工作、年龄、社会角色、婚姻状态、经济状况、健康状况和以往的休闲体育经验都会对休闲体育的价值观产生影响，并最终塑造出不同的休闲体育文化。因此，一个年龄结构均衡的城市和一个主要由老年人构成的城市，在休闲体育文化上会存在显著的差异。

4. 社会文明进程对休闲体育文化的影响分析

文明进程可以理解为城市化的脚步，标志着城市与乡村的逐渐区分。城市与乡村在许多方面都存在着鲜明的对比，其中城市通常被视为现代化的标志，而乡村则承载着传统的印记。这种差异在两者的休闲体育文化中也得到了鲜明的体现。在城市，受到快节奏生活和较大的生活压力的推动，人们追求的休闲体育形式更加多元，休闲体育需求也相对增加；而在乡村，人们更多地受到自然文化的熏陶，他们所体验的休闲体育更显随和与满足，更加注重休闲体育的实际体验。乡村中的缓慢生活节奏和宁静的生活方式在一定程度上限制了休闲体育的多样性，但更加强调了休闲体育的真实与享受。

三、休闲体育的规范

谈及休闲体育规范，首先要明确规范的含义。汉语把规范解释为“规者，正圆之器也”[①]，指校正圆形的用具。规范解释为模范、典范。英文的规范则指思维模型或准则上的规则，是控制和评价我们和他人的行为的标准，因而规范的目的在于建设规范性秩序，以此来实现合作的结果。结合此种观点，本书所讲的休闲体育的规范则可解释为休闲体育的标准和典范，其中包含两个层次：如何规范休闲体育和休闲体育的典范，也即休闲体育的价值取向和休闲体育的价值评判标准的问题。

（一）休闲体育理想

尽管不同文化模式下有不同的休闲体育取向，但随着人类发展进程的规律化

① 祝秀权．诗经正义 [M]. 上海：上海三联书店，2020.

和统一化，人们对休闲体育的追求目标也逐渐变得一致。休闲体育除了达到身心放松的目的，还应有更高的追求。休闲体育应不仅成为一种生活方式，还应使人们获得心理体验和自我实现。这是维系休闲体育活动持续进行的动力所在。回溯历史，可以发现早在古希腊时期先哲就已提出了自己的休闲体育理想。亚里士多德就曾提出“教育、文化活动与富于情趣的生活是古希腊人休闲的核心部分”①，表达了在休闲体育中不断体现和丰富个体价值的作用。由此可见，在他的观点中，“成为自由人”是核心观点。休闲体育的终极目标在于能够自由地支配和控制自己的生活，自由地思考和辩论。通过这样的过程，才能达到塑造优秀品质和美德的目的。同时，通过不断地进行休闲体育教育，可以使人们做出正确的休闲体育价值判断。

如果说亚里士多德提供的是一个讲求自由意志和自我发展的休闲体育，那么奇克森特米哈伊则指出休闲体育的理想在于一种完美的心理体验——“畅”。②“畅”是一种可以在工作或者参加休闲体育时产生的最佳体验。可见，这种“畅”的体验是建立在一定的技能基础上的，只有既有难度，又不会超出个体的技能范围的活动，才具有“畅”的体验的。因而对于一些看电视等简单的娱乐活动来讲，是不可能有“畅”的体验。为了达到这种境界，人们必须掌握一定的休闲体育技能，从事有一定智力和能力要求的活动，这样才能实现这种休闲体育理想。

通过以上分析，可以看出休闲体育是通过参与这个过程而获得的快乐的体验，是人幸福感的主要源泉。史密斯认为人们可能得到的快感有三类，它们分别来自感官、情感皮层和智力皮层。③一般越趋向于物质层面，个体的休闲体育愿望越容易满足；越趋向于智力层面，越难获得满足。例如，美食、美景等都会引起人感官的愉悦，参与性的活动如体育运动、户外旅行等能够给人带来情感上的愉悦，而智力层面上的愉悦必须通过一定的智力活动如知识竞赛、绘画书法等创造性活动等才能达到愉悦的目的。因而从某种程度上看，只有那些创造性活动才能给人带来愉悦的感受，也才能实现休闲体育的最高理想，使人身心愉悦，获得有意义的快乐。

（二）休闲体育的价值标准

虽然休闲体育以身心愉悦为目的，但在不同的文化情境下，人们对休闲体育

① 李仲广．休闲学 [M]. 北京：中国旅游出版社，2011.

② 叶文，王越平，马谊妮．城市休闲旅游：理论·案例 [M]. 天津：南开大学出版社，2006.

③ 陈来成．休闲学 [M]. 广州：中山大学出版社，2009.

的观念是不同的，不同人群在选择休闲体育方式时也有很大差别。休闲体育理想和休闲体育行为之间并没有明显的一致性。例如，我国古人所倡导的休闲体育活动，与现代人们所追求的休闲体育活动肯定是不一样的。虽然都能达到愉悦身心的目的，但二者所代表的文化意义是不同的，因而可以说在不同的文化观念下，形成了不同的价值评判标准。尽管如今社会提倡价值评判标准的多元化，但如果一味地考量其多元性，而忽视了价值评判标准的统一性，就会使休闲体育行为陷入混乱的局面中。因此，良好的休闲体育价值标准是一切健康休闲体育行为的源泉，必须加以鼓励。

那么何谓良好的休闲体育价值标准呢？具体看来，良好的休闲体育价值评判标准就是既要使休闲体育参与者能够全身心地投入以达到身心愉悦，同时也要符合社会规范和伦理道德。休闲体育价值标准不仅与个体有关，同时也要能体现社会的道德规范标准。例如，赌博、酗酒等活动，虽然个体能够实现身心放松，但这与社会伦理是相违背的。每个社会都有自己的伦理评判标准，什么是积极的行为，什么是消极的行为，在不同的社会中、不同的文化情境下都会有不同的阐释。社会和文化正是通过构筑这样的控制网络来规范人们的行为，避免失范行为的出现。当然，也必须建立一套惩罚措施，对失范行为进行惩治，这是保证社会良性运行的基础。

价值评判标准是如何形成的，具体如下。首先，价值评判标准是在长期的发展过程中逐渐被群体所共同认知的，因而与该社会中的世界观和认识论有着密切的联系。世界观和认识论是人们对于社会中最基本问题的看法和观点，对态度和价值取向有着决定作用。这种世界观和认识论牢牢地植根于一个社会中，是不可能轻易改变的。其次，价值评判标准与社会公认的道德体系有着密切的联系。道德规范常被作为衡量休闲体育价值的尺度，可将休闲文化分为雅闲、庸闲和劣闲三个层次。把合乎道德应予以提倡的休闲方式称为雅闲，包括琴棋书画、旅游、体育活动等，体现为一种积极向上、健康的休闲方式；把那些不违反道德但其休闲体育内容没有提倡价值的称为庸闲，如看电视、闲聊等；再一种就是违反社会基本道德，称为劣闲，如黄、赌、毒等，这些休闲体育方式纯粹是为了满足个体的需求而不考虑社会公德、非健康的休闲体育方式。最后，价值评判标准是不断发生变化的。价值评判标准与人们不同时期的需求是一个渐变的关系，不同的社会、经济、文化发展阶段将会产生不同的标准体系。这是由在不同的认识阶段人们对休闲体育的观点以及取向上的差异决定的。因此，随着社会文明的进步，对休闲体育的价值评判标准将越发地趋向休闲体育的理想观念。

（三）休闲体育行为模式规范

休闲体育行为是为了增强个体的身心健康，以及促进个人的完善和发展所展现的身体活动。可以将人们的行为方式分为态度规范和主体规范。

1．态度规范

人们对休闲体育的看法和态度往往成为决定他们参与程度的关键。在参与休闲体育活动前，建立一个积极、正确的态度是至关重要的，要明确这种活动不仅能为参与者带来身体上的健康，同时也提供了一个舒缓心灵、恢复精力的机会。

2．主体规范

当人们投身于休闲体育活动时，他们首先需要掌握相关的技能和知识；在活动中，尊重并维护场地和设备是基本的，同时在锻炼中要尽量减少设备的磨损；在与他人的互动中，应当保持友好和合作的态度，特别是在需要团队合作的时候，应展现出团队精神和相互支持的意识；除此之外，安全始终是首要的，每个人都应学会如何保护自己和他人，正确地使用设备和场地，避免不必要的伤害。

（四）休闲体育的法律规范

作为社会的基石，法律在各个领域都起到了指导和规范的作用，时刻在约束我们的行为。对于休闲体育来说，它的法律规范可以被划分为基本的法律规范和行业特定的法律规范。尽管我国目前尚未有专为休闲体育制定的法律，但根据与体育相关的法律条文，可以确定我国休闲体育法律规范的关键内容有以下几点。

1．对国家而言

国家负责确保公民享有参加休闲体育的权益；推动公众积极投身休闲体育；支持休闲体育领域的科学探索，并对卓越的团体或个体进行表彰；采纳休闲体育教练技术等级体系，由指导员为休闲体育活动提供技术支持；重点推广和鼓励民间传统的休闲体育活动；设定特定的休闲体育发展资金，并进行有效管理；倡导休闲体育机构自主筹资以扩展业务；推进各教育机构设立休闲体育课程，培育相关领域的专才。

2．对地方各级人民政府而言

地方各级政府需要确保公民有权积极参与休闲体育；主动为休闲体育创造有利环境，并投资相关设施的建设；对休闲体育活动实施有效的管理和监管；保证公众接触到的休闲体育机会具有高水平；致力于让公众掌握基础的休闲体育知识与技能；预见并确保未来休闲体育活动的持续性；确保专业的休闲体育人员参与，为公众服务；对于在活动中违反法规的行为，应按照法律规定予以处理。

3. 对公民而言

每一位公民都享有参与休闲体育活动的合法权利；公民应能够全面了解休闲体育活动的核心内容和所有相关的机会信息。

四、休闲体育教育

休闲体育教育的概念自古有之，最早在古希腊时期，先哲就提出了对闲暇人的教育，称为“自由教育”。这里的“自由教育”是相对于职业教育而言的。现代英语中的休闲体育教育可以包括三个不同的解释：第一，把休闲体育作为一门教育的学科，主要侧重于传统休闲体育活动的学习，如体育、游戏、艺术、竞赛等，它是学校教育的一个重要组成部分，也是中小学课程的重要组成部分。第二种解释是把休闲体育作为一种教育的情境，通过休闲体育进行教育，如在夏令营活动中达到教育的目的。第三种解释是把上述观点结合起来，它是一个宽泛的抽象概念，不仅指学校的休闲体育教育，还包括社会中其他各种类型的休闲体育教育。

20 世纪以来，我国学者围绕着休闲体育与教育的关系展开了激烈的讨论，对休闲体育教育的内涵及外延还未达成一个共识，更多地是侧重休闲体育的教育价值讨论，而本书则主要从休闲体育的内在教育需求入手，分析休闲体育教育的内容。

休闲体育与教育有着密切的关系，一方面是由于人们在工业快速发展的背景下需要学习休闲体育的态度，另一方面是在现代社会的语境下人们更需要学习休闲体育的方式。同时，大多数休闲体育活动都与教育有着极大的相关性，教育在有些休闲体育活动中成为主要内容。因而，休闲体育教育可分为两方面：对休闲体育态度的学习和休闲体育技能的培养。下面主要讨论休闲体育教育需求产生的原因、教育在休闲体育中可能采用的几种方式，以及教育与休闲体育态度重塑的关系。

（一）休闲体育教育概述

1. 休闲体育教育与人本主义教育

休闲体育教育与个人本位教育观是不谋而合的。个人本位教育观又称人本主义教育观，其价值观强调教育的目的在于促进作为个人的个性和理性发展，即培养全面发展的人。这一观点起源于在亚里士多德的自由教育理论，当论及自由民的教育问题时，他就认为把音乐列入教育中，并不是为了必需和实利，而是为了闲暇时间的精神享受。到了文艺复兴时期，自由教育观点重新复活，一些人文主义思想家认为，教育的目的应立足于个人的全面发展与完善，教育的核心内容是心志训练，而不是专业职业技能。到了近代，纽曼针对大学教育中的功利主义倾向提出了他的人文教育思想，即大学教育的宗旨在于训练心志，培养个人的高尚品德和高雅情趣。①

对个人进行休闲体育教育是培养合理人性、倡导积极生活态度的重要途径之一。在我国的殷商、西周时期，教育的培养目标是“大学之道，在明德，在亲民，在止于至善”②。教育内容以“六艺”即礼、乐、射、御、书、数为主。在我国延续数千年的儒家教育传统中，修身是最主要的目的，现代教育追求人的全面发展的观念与之一脉相承。西方传统的大学教育观念源自古希腊的人文教育，在古希腊，教育的目的在于培养公民（自由民）。教育内容包括文法、修辞学、辩证法、音乐、算术、几何学、天文学，这些内容称为“七艺”。“七艺”的目的不是给学生一种职业训练或专业训练，而是通过几种学科基本知识和技能教育来培养学生身心全面发展的理想人格。

因而，在休闲体育教育中充分体现人本主义教育的色彩，强调休闲体育价值观的引导在个体个性发展中的作用，塑造良好的人格特征，是很有意义的，同时这也体现了休闲体育教育的主旨所在。

2. 休闲体育教育的内容

休闲体育教育能够指导人们掌握休闲体育的技能和欣赏美感，让他们在目前和未来的空余时间中更高效地投入休闲体育活动。它是一个持续且逐步发展的过程，其中涉及技能的传授和实践。休闲体育有助于人们更深入地探索世界，维持身心之健康并充分地享受生活。因此，休闲体育不应被看作是避免学习的方式，而应被视为教育中充满活力的一部分。这也意味着，强化休闲体育教育是十分必要的。

（1）休闲体育技能的培养

休闲体育教育应在整体教育体系中占有一席之位。应着重于参与休闲体育的体验，不断深化休闲体育的技能，并塑造合适的教育哲学。我们不应局限于以单一、机械化、仅仅追求文凭的视角来看待休闲体育教育，而应从其核心和实际意义来理解休闲体育教育。现有的标准教育体系无论是从教学手段还是从实际应用角度来看，都以职业发展为中心。

① 叶文，王越平，马谊妮．城市休闲旅游：理论·案例 [M]. 天津：南开大学出版社，2006.

② 蔡尊水．明理教育 [M]. 厦门：厦门大学出版社，2021.

大部分的休闲体育活动都需要某种技巧来体验其乐趣，而这些技巧往往需要通过系统的学习来掌握。休闲体育教育可以传达这些技巧、培育欣赏的眼光、激发人们对休闲体育的热情。更重要的是，它可以塑造健康的休闲体育观念，引导人们选择更为有益的休闲方式，确保个人的兴趣和评价与那些最具吸引力的休闲体育活动保持一致。

（2）健康休闲体育观念的塑造

良好的休闲体育观直接关系到休闲体育的体验，而良好的休闲体育教育是塑造和明确休闲体育价值观和休闲体育目的的过程，它能够提供一套帮助人们自主地确定休闲体育在生活中的位置的价值观念，使人们学会如何从休闲体育的角度来认识自己。同时，也能够帮助人们建立起评判休闲体育行为的标准体系，引导人们积极地进行休闲体育活动。

在现代社会的工作伦理下，工作俨然成了主要的生活方式和人生的终极目标，尤其是进入工业社会以及后工业社会以来，人们的时间不再是可自由支配的，时间已脱离人们的主观感受变成钟表盘上的纯粹数量概念。即使有一部分人认识到休闲体育的价值，但仍局限于炫耀的心理，把对时间的消费作为地位和财富的象征，休闲体育也逐渐背离了其真正的内涵；还有的人则忽视了休闲体育的价值及意义，对休闲体育存有消极的看法。

在这种情境下，社会迫切需要休闲体育方式的供给和休闲体育态度的培育来缓解人们的压力，家庭也需要休闲体育习惯的培养来增进家庭成员之间的了解，个人也需要转变休闲体育观念，掌握自我调适的技巧，通过休闲体育活动来舒缓社会压力，达到身心的放松。而观念的转变无疑成为这样一个转变过程的核心，因为价值取向是不同宇宙观和世界观主导下的对某个事物的看法和观点，是个体评判是非对错、是否有价值及意义的标准，因而不同的休闲体育价值取向主导下的休闲体育行为是有巨大差异的。所以，把健康休闲体育观念的培养居于核心地位是休闲体育教育成功的关键点。

健康休闲体育观念的培养应包括以下几个方面的内容：①转变现有工作伦理；②重新审视休闲体育的价值及意义；③倡导积极健康的休闲体育活动。其中前两方面的内容是休闲体育态度重塑的关键。转变现有的工作伦理就是要重新认识工作与休闲体育之间的关系，重新审视时间的价值及内涵。有三个层次的时间：一是亚里士多德的作为运动的数量的时间概念，二是康德作为先验的时间概念，三是如本雅明所说的消磨时间的概念。目前，第三个时间的概念更受推崇，时间是客观存在的，它穿越了我们，过去穿越了我们，并出现在现在，因此没有可以完全相同的现在。这种对于时间的认知就要求人们要把时间作为一种客观实在，不能把时间作为功利的消费品，讲求在时间中获得心理体验。基于这样的观点，工作与休闲体育就不是完全截然对立的，时间是永恒的，工作与休闲体育也是互补的，并没有严格的时间划分。此外，应把休闲体育作为个人提高修养及智力的重要手段。

（二）休闲体育教育的供给

如果说休闲体育教育是一种公共产品的话，那么就存在供给和需求的问题。前文主要探讨了休闲体育教育的需求问题，这里主要探讨休闲体育教育产品的供应问题，也就是谁来进行休闲体育教育的问题。

提及教育，人们首先想到的是学校教育，学校教育在整个人生、全社会学习过程中确实扮演着重要的角色。实际上，无论在国内还是在国外，公立学校都不一定是进行休闲体育教育的最重要的机构。年轻人往往是从他们的父母和朋友那里而不是在学校了解最初的休闲体育教育。人是社会化的人，学校教育只是人生经历的一部分，不可能提供持久的、具有普遍适用性的休闲体育教育。同时，人是渐变的，在不同的社会化阶段所处的环境不同，休闲体育价值取向也会发生变化，学校不可能提供给学生日后的休闲体育经验和休闲体育技能。正因为这些局限性，注定学校教育只能是在一定的方面、一定的时间内发挥作用，进而要求休闲体育教育具有多渠道性，这其中包括从家庭教育到地方性休闲体育服务机构以及政府政策引导性教育等。家庭从小塑造着人们的休闲体育观，学校教育教会人们休闲体育的技巧，社会规范人们的休闲体育行为。休闲体育教育的供给主要包括以下几方面。

1. 家庭休闲体育教育

家庭是个体最早进行社会活动的地方，也是休闲体育教育的重要环节，因而能较早地把个体带到休闲体育活动中来，帮助他们培养休闲体育技巧和休闲体育鉴赏力，以使个体在成年后能够充分利用休闲体育时间。另外，休闲体育教育也是一个循序渐进的过程，家庭通过日常生活的耳濡目染不断熏陶个体，使个体掌握休闲体育技巧、塑造休闲体育态度、引导休闲体育行为。同时，在个体成长过程中，良好的休闲体育经历还会形成良好的休闲体育印象，进而引导个体积极乐观地进行休闲体育活动。家庭休闲体育教育的主要目的是塑造正面的休闲体育观念并习得基础的休闲体育技能。

2. 学校休闲体育教育

学校休闲体育教育所花时间也较长。学校休闲体育教育是一个从幼儿园就开始学习的循序渐进的过程，同时也是一个不断发展变化的过程。随着受教育者年龄的增长，休闲体育需求也在发生变化，对休闲体育技能的要求也在不断提高。因而对学校而言，最重要的就是如何在知识讲授的过程中潜移默化地渗入休闲体育教育的内容，并根据不同年龄段的需求进行多样的休闲体育教育。这就要求学校不仅把休闲体育教育作为学校教育的一部分，而且要引导学生构建健康的休闲体育伦理观，培养学生逐步适应具有这种休闲体育伦理的社会。因此，学校首先要营造休闲体育的氛围。具体来说，可以在学校硬件设施的设计上增添一些休闲体育氛围，增添装饰，改变学校严肃的形象；可以在课堂教学中加入一些娱乐性学习，并给学生自由实践的机会；在课余时间里给学生更多参与游戏、发展兴趣爱好的时间。

3. 社会教育

这一领域的教育可以由社会支撑网络来实施，涵盖了区域休闲体育服务中心、都市休闲体育及娱乐管理部门和国家级的休闲娱乐产业管理单位。他们主要负责提供正规的休闲体育技能培训，分享社区内的休闲体育资源资讯，传达休闲体育的最新观点，满足特定人群的休闲体育偏好，并组织特色休闲体育活动。目的就是打造一个休闲体育终身教育的平台，以满足不同时间段人们的休闲体育需求，引导人们进行健康休闲体育活动。尤其是要加强针对成人的休闲体育教育，吸引社会中的弱势群体能真正地参与到休闲体育活动中来。这主要是通过调研了解不同社会群体的休闲体育需求，使休闲体育产品更加多元化来实现的。

第二节　休闲体育管理

休闲体育管理的内容体系应该是对休闲体育管理的研究对象——休闲体育管理活动的基本规律和一般方法的详细阐述，所以，在内容体系中，除应揭示休闲体育管理的概念、特点和基本原则，还应分析休闲体育管理的各基本职能（计划、组织、控制、市场营销等），并应对具体的休闲体育业务工作的管理进行剖析。

一、休闲体育管理概述

（一）休闲体育管理的概念

1. 休闲体育管理的内涵

从管理学视角，基于对管理基本定义的洞察，我们可以将休闲体育管理定义为，为达到休闲体育服务的既定目标和优化其服务效果，休闲体育的组织及其管理层面对与开展休闲体育相关的多种因素和资源，如人员、资金、物资、时间、信息等，所进行的策划、组织、监控、领导的一系列综合性活动。

与一般对管理及其相关概念的定义相比，在这个定义中，突出强调了休闲体育管理是一种服务管理，休闲体育管理的目的是高效地提供优质服务。这是由休闲体育自身的特点所决定的。从经济学的角度看，休闲体育提供给参与者（消费者）的是心理的愉悦和满足，是非实物形态的产品，属于服务产品。另外，休闲体育强调参与者的主体性，而服务管理是以客户感知为核心，体现的正是消费者的主体性，所以休闲体育管理是典型的服务管理。这也使相关人员在对休闲体育管理进行研究时，可以有效地借鉴服务管理相关理论。随着对服务产品研究的深入，人们认识到服务质量的特殊性和重要性，而优质服务质量的核心就是提高顾客满意度，顾客是不会购买令他（她）们不满意的商品或服务的。

因此，服务管理的焦点在于如何通过提升服务质量品质来提升顾客满意度，如何评估服务质量呢？美国的市场营销学者提出了“RATER”理论，即

可信赖度（Reliability）：言行一致，准确可靠地实现承诺能力；

保证度（Assurance）：员工的礼节及专业知识，能有效传达信心和信任给顾客，并赋予保证；

可见度（Tangibles）：可见的员工仪容和态度，以及设施与设备；

关怀度（Empathy）：员工对顾客的亲切关怀及贴心服务；

反应度（Responsiveness）：乐于协助顾客、听取意见，并对意见及抱怨立即回应。

2.休闲体育管理的研究对象

休闲体育已逐渐转变为现代社会中人们健康生活的核心组成部分，其参与者日益增多，活动主题不断丰富，组织方式也日趋多元化。随着休闲体育的持续壮大，政府和社会的责任在于通过高效的管理来提供上乘的休闲体育服务，以满足人们的期待。因此，休闲体育管理的研究核心在于系统性地探讨休闲体育管理的基础原则和普遍策略。从管理学角度来看，休闲体育管理属于体育管理学的一个分支，在这里，它与运动训练管理、学校体育管理、社会体育管理、体育产业经营管理等并列；从体育学角度来看，休闲体育管理属于休闲体育学科的一个分支，在这里，它与休闲体育概论、休闲体育心理、休闲体育经济、休闲体育生化等并列。

另外，也可以从宏观管理层面和微观管理层面来理解休闲体育管理的研究对象。

在整体管理的视角下，休闲体育不仅是个人生活的一部分，更是反映社会文

化的重要方式，其对于国家和民族的意义是深远而全面的。因此，这不只是关乎个体的事宜，许多国家已将积极促进休闲体育的发展纳入其核心政策，并为其提供强有力的支持，同时对其进行恰当的管理。1994年，世界卫生组织与国际运动医学联合会联合举办了“健康促进与体育”的全球会议。其中，世界卫生组织强调，尽管个人健康在很大程度上是个人和家庭的责任，但政府也应采取措施，为公众创造有利于体育生活方式的社会与体育环境。会议也呼吁各国将推广大众体育纳入公共健康和社会政策，并明确了以“体育为健康生活的基础”为核心的七项重要任务。所以，政府有责任在休闲体育宏观管理中去思考政府的职责、角色是什么，政府应该提供的休闲体育公共产品具体是什么，政府如何配置休闲体育公共产品，如何使资源配置更有效。

从微观管理来看，具体生产休闲体育产品的组织，无论是体育俱乐部、体育中心、体育休闲园还是体育场馆，其管理者都必须深刻理解休闲体育产品的特点，熟悉休闲体育产品的生产过程，掌握休闲体育产品的市场营销手段，通过有效地完成计划、组织、控制、领导等管理职能来不断提高休闲体育产品的服务质量，最大限度地提升顾客（参与者）满意度，最终实现组织目标和效益。休闲体育生产的是一种什么产品、有何特点，如何制定休闲体育产品服务标准和服务流程以提高服务质量，如何进行面向服务的人力资源管理，如何进行休闲体育产品的市场营销，这些都是休闲体育组织的管理者需要思考和学习的基本规律和一般方法。

（二）休闲体育管理的必要性

也许有人会质疑，休闲和休闲体育完全是个人主动自愿和自由随意的行为，不存在管理。持这种看法的人错误地认为休闲体育的参与者就是休闲体育管理的客体——被管理者，其实不然。休闲体育的参与者是休闲体育产品的消费者，是顾客，是上帝，休闲体育管理的客体——被管理者主要是指休闲体育组织中的员工、下级。另外也可以从管理的概念和性质入手去分析休闲体育管理的必要性。

1. 从管理的概念来看

尽管人们对管理的定义仍然千差万别，但比较一致的对管理概念的理解可以概括为以下几方面。

①管理是一种社会现象，管理与人类社会并存，是人类社会生活中普遍存在的社会现象。随着休闲时代和大众体育时代的到来，休闲体育作为一种新兴的社会文化现象被人们广泛接受和参与，为了更好地发展休闲体育，休闲体育管理应运而生。

②管理是有目的的，其目的是实现系统预定目标，不断提高系统效益。大到一个国家和社会、小到一家俱乐部和体育社团都存在着如何更有效地生产休闲体育产品以满足社会和市场需求，最终实现经济效益和社会效益的根本目的。

③管理是由管理主体——管理机构和管理者，对管理客体——人、财、物、时间、信息（其中人是管理核心）所进行的活动。所以，管理学的研究视角总是站在管理主体（管理者）的角度去思考问题。休闲体育组织机构及其管理者需要研究如何充分利用人、财、物、时间、信息等各种资源。

④管理活动的过程一般表现为计划、组织、领导、控制等一系列综合活动。对于一个休闲体育管理者而言，如何根据休闲体育的特点去确定组织目标和计划，建立合适的组织机构并配备人员，有效领导员工，控制和提高产品和服务质量，这些都是需要深入学习和研究的。

2. 从管理的性质来看

管理具有二重性：自然属性和社会属性。管理的自然属性属于生产力范畴，表现为通过管理活动中的组织、指挥和协调可以有效地提高劳动生产率；管理的社会属性属于生产关系范畴，表现为通过管理活动中的监督、控制和命令可以固化生产关系，体现管理者阶层的意志，为管理者阶层服务。管理的二重性是统一的，是一体两面的关系，但具体到某一类、某一项管理活动，可能有时主要反映的是管理的自然属性，如管理的理论、方法、技术，有时主要反映的是管理的社会属性，如管理意识、制度、体制。

休闲体育管理主要体现的是管理的自然属性。虽然休闲体育是参与者主动自愿和自由随意的行为，是心理的愉悦和满足，不应该有任何的强迫和负担，但对于休闲体育组织机构和管理者来说，这里面存在着如何更有效地生产休闲体育产品和提供服务、如何提高劳动生产率的问题，这就涉及休闲体育管理。

（三）休闲体育管理的原则

休闲体育管理应遵循的核心理念源于广泛的管理实践，这些理念旨在协助管理者预防可能的重大疏忽。由于休闲体育管理与其他体育管理有所不同，除了共通的体育管理策略，还需要特定的休闲体育管理准则。

1. 人本性原则

人本性原则强调，在休闲体育管理中，应始终贯彻“以人为本”的核心思想，确保服务满足参与者和消费者的真实需求，确保友好、便捷和有益。这种原则的确立，主要基于休闲体育管理所面向的独特参与群体。

“以人为本”的思想不只是口头上的宣称，而是要真正地在休闲体育管理的所有环节中得到落实。制订计划时，应主张采用更加开放和灵活的策略，而避免过于严格和约束性的方案。休闲体育服务应广泛提供，确保方便各个群体参与。场地设计要考虑人的舒适度，为人们创造休憩和娱乐空间。鉴于休闲体育的参与者是基于兴趣和意愿选择活动的，管理者需要既尊重他们的个人喜好，不强行推行自己的观点，同时也为他们提供多元化和丰富的活动选项，满足他们的兴趣和需求。

2. 激励性原则

鼓励性原则意味着在休闲体育管理中应采用鼓励的策略，激发参与者的主观愿望，进而充分发挥他们的积极参与度。这源于休闲体育管理的参与者中心思维，以及其非强制性的管理方法。

人们在业余时间选择参与体育活动，或是决定通过运动来享受休闲时光，很大程度上与他们的体育观念、健康观念，以及与其他文化娱乐活动如下棋、观看电视、闲聊、阅读等相比较的价值取舍有关。如何在休闲体育的各个环节中激发人们对体育的兴趣，进而转化为“我想参与”甚至“我必须参与”的心态，是一个关键议题。毕竟只有在这种情境下，休闲体育的真正意义才能得以实现。当前，关于激励的理论在管理学中备受瞩目，已有一系列成熟的理论模型，如需求层次理论、动因理论、期望理论、目标设定理论、增强理论和程序公正性理论等。同时，存在多种鼓励的方法，如奖励鼓励、模范鼓励、比赛鼓励、反馈鼓励、情感鼓励和赞赏鼓励等，这些都可运用于休闲体育的实际管理中。

3. 社会性原则

在休闲体育管理中，需要广泛动员社会各方面的资源和力量。在政府提供基础体育服务和进行宏观管理的同时，主要依靠社会体育组织，广泛开展休闲体育活动。这是由休闲体育组织的多样化和管理界限不明确这两个特点驱动的。

为了构建一个大众化的体育服务体系，我们需要坚定地结合政府的支持与社会主体的努力。政府主要关注公共体育设施的建设，而社会组织和体育活动则主要依赖社会的参与，同时应鼓励和支持企事业单位和个体经营者为人们提供体育服务。但我国的社会体育组织，尤其是非营利体育组织仍然较为薄弱，它们面临的环境仍然充满挑战，手中的资源有限，这限制了它们为休闲体育提供更多的服务。因此，我们需要给予社会体育组织更多的关心和支持，帮助它们快速成长和壮大，并通过政策法规和经济激励手段充分调动社会各方为休闲体育做出贡献。

二、休闲体育俱乐部的管理

（一）休闲体育俱乐部的概念

日本文部省曾对体育俱乐部下过一个定义：体育俱乐部是以体育爱好者自发性、自主性的结合为基础，为增进健康和促进相互间的协调和睦而进行持续性体育活动的组织。①

德国著名学者海尔曼认为，体育俱乐部是一个以“自由的成员资格”“以成员利益为准则”“不依赖第三者”“义务参加工作”“民主决策”为特征的自由团体。②

通过对俱乐部和体育俱乐部定义的分析，可以看出体育俱乐部是以体育为共同爱好、有一定固定成员、具有自愿性的组织。休闲体育俱乐部作为体育俱乐部的一种类型，其区别是人们参加俱乐部活动的主要目的是休闲和健康。因此，可以把休闲体育俱乐部定义为，所谓休闲体育俱乐部，就是对体育具有共同爱好的人，以休闲和健康为主要目的，自愿参加的，以会员制为主要经营管理方式的营利性或非营利性组织。

（二）休闲体育俱乐部的分类

俱乐部从诞生到现在已经经历了几百年的历史，休闲体育俱乐部也出现了有将近三个世纪的时间了，各式各样的休闲体育俱乐部逐步发展起来。为了加深对休闲体育俱乐部的认识，就要对休闲体育俱乐部进行分类。对事物认识的角度不同，所分的类型就不同，因此，也不能笼统地将俱乐部划分为几种类型。以下将以不同标准、从不同的角度对休闲体育俱乐部进行分类。

1．规模角度

从规模上分，可分为小型休闲体育俱乐部、中型休闲体育俱乐部、大型休闲体育俱乐部。

俱乐部的规模主要通过会员人数、投资金额等因素来衡量。一般会员数量在50人以下的称为小型休闲体育俱乐部，会员人数在51～200人的称为中型休闲体育俱乐部，超过200人的称为大型休闲体育俱乐部。当然，会员人数不是唯一标准，有时还要看其投资额。

2．营利性角度

从营利性分，可分为营利型休闲体育俱乐部和非营利型休闲体育俱乐部。

---

① 秦纪强．新时代中国高校体育俱乐部制研究[M].合肥：安徽大学出版社，2021.

② 王勇．体育俱乐部经营管理实践[M].北京：中国经济出版社，2015.

非营利性休闲体育俱乐部的例子有很多，如象棋俱乐部、长跑俱乐部、登山俱乐部、瑜伽俱乐部、武术俱乐部等。这一类休闲体育俱乐部主要是以对某一休闲体育项目有共同爱好的人士组成，俱乐部由会员自己管理，俱乐部的运作主要依靠会员的会费，以满足会员的共同休闲体育爱好为目的。

一旦涉及商业因素、营利目的，就变成了营利型休闲体育俱乐部。早期的俱乐部都是非营利性质的，为会员服务，一切为会员的利益着想，也是当时俱乐部的初衷。随着俱乐部规模的扩大、会员数量的增多，俱乐部的成本费用提高，为了维持俱乐部继续经营下去，俱乐部开始向营利型转变。后来，出现了专门利用投资俱乐部来获取利润的投资者，他们组建俱乐部，通过收取会员费、服务费赚取利润。当然，在这个时候，俱乐部的性质已经开始变成以营利为目的了。营利性质的俱乐部拥有较好的场地设施和完善的配套服务，能满足对体育运动有较高需求的人士的需要。

3. 经营角度

从经营的内容分，可分为单一型休闲体育俱乐部和复合型休闲体育俱乐部。

休闲体育俱乐部的经营内容各不相同，应根据其不同的市场定位选择不同的经营内容和服务项目。据此将以单一体育项目作为其经营范围的这一类休闲体育俱乐部称为单一型休闲体育俱乐部，高尔夫俱乐部就是最典型的单一型休闲体育俱乐部。将有多个体育服务项目的休闲体育俱乐部称为复合型休闲体育俱乐部，目前国内的休闲体育俱乐部大多是这一种形式。

4. 私密性角度

从私密性分，可分为私人休闲体育俱乐部和大众休闲体育俱乐部。

私人休闲体育俱乐部的私密性较强，规模一般不大，多由一些特殊的群体或团体组成，有的私人俱乐部是由少数几个人或财团投资，有的私人俱乐部是由所有会员投资共同建立。随着社会的发展，人们对于高品质且贴心的服务的追求并未减退。许多成功的职场精英在忙碌的工作之外，选择成为某些公开或私密俱乐部的会员。在这些场所，他们不仅能体验较好的服务，还能拓展社交网络，与更多潜在的商业伙伴建立联系。许多重要的商务交流和社交活动往往在这些轻松的私密场所中进行。利用俱乐部进行商务交流和社交已逐渐成为一种时尚的沟通方式。这种俱乐部同时也是复合型休闲体育俱乐部，其项目不仅仅只有健身、体育的内容，还包括其他的娱乐项目，其目的也不仅仅是以休闲、健身为目的，还包含着交往、商务等目的。但其活动项目仍然是以休闲、健身类的项目为主。

相对于私人休闲体育俱乐部，大众休闲体育俱乐部则简单得多。所谓的大众休闲体育俱乐部主要是会员众多。申请成为会员的门槛较低，更像一种公共休闲的场所。大众休闲体育俱乐部的形式更像是早期的工人文化宫，区别就是大众休闲体育俱乐部仍是以会员制为组织形式的。目前大众休闲体育俱乐部的数量日益增多，并且以连锁经营的形式管理，扩大了俱乐部的规模，提升了俱乐部的服务水平。我国目前的很多体育协会也属于这一类休闲体育俱乐部。

（三）休闲体育俱乐部管理概述

1. 休闲体育俱乐部管理的概念

管理是一个复杂的过程，尽管管理现象自古有之，但由于管理活动日趋复杂，管理环境和不同组织的管理目标千差万别，以及研究管理活动的诸多学者所处的时间、立场和采用的方法不同，人类对管理的认识也是千差万别的。

全国体育学院通用教材中是这样定义管理的："管理是指一定组织中的管理者通过实施计划、组织、领导、协调、控制等职能来协调他人的活动，使别人同自己一起实现既定目标的活动过程。"① 教材对体育管理的定义做了如下解释："体育管理是体育组织中的管理者，对体育管理客体通过实施计划、组织、协调、控制等职能，协调他人的活动、发挥各种资源的作用，实现预定目标的活动过程。"②

基于对管理以及体育管理的理解，本书将休闲体育俱乐部的管理定义为，在休闲体育俱乐部中，管理者通过执行计划、组织、调度和监控等功能，协同他人的努力，充分利用俱乐部内外的各种资源，以达成俱乐部设定的目标的一系列活动。

2. 休闲体育俱乐部管理的特点

（1）管理的实效性

由于目前大部分休闲体育俱乐部属于一个经济实体，追求经济效益是其经营管理的根本出发点，休闲体育俱乐部管理就应该围绕这一根本目的，保证以最小投入获得最大产出，取得最大化的经济效益，这在一定程度上体现了休闲体育俱乐部管理的实效性。

（2）管理的灵活性

管理是一种艺术，优秀的管理能使人感到心情舒畅，恶劣的管理会导致人心涣散、工作瘫痪。休闲体育俱乐部的管理涉及的日常管理工作相对比较琐碎，因此要注意采用灵活的方式进行管理，特别是对于专业技术人员的管理，如健身教

---

① 汪中求．企业可以做成一首诗：一聚三分话管理 [M]. 北京：企业管理出版社，2022.

② 肖林鹏．现代体育管理 [M]. 北京：北京体育大学出版社，2005.

练、各类技师等，更要注意管理的灵活性，最大限度地发挥他们的创造性和能动性。

（3）管理的复杂性

休闲体育俱乐部属于服务类的企业或组织，在为顾客提供服务的过程中会出现各种突发情况，这就决定了休闲体育俱乐部管理的复杂性。对突发事件的管理要根据不同的情况采取相应的措施，在纷繁复杂的现象中抓住主要矛盾做出决策，但是作为服务型行业，休闲体育俱乐部应该持有“顾客第一”的观点，以保证服务的质量，增强竞争力。

（4）管理的细微性

细节决定成败，特别是在俱乐部的日常服务管理中，要注意对细微工作的管理，如俱乐部日常卫生的管理。俱乐部日常卫生工作虽然是不起眼的工作，但是管理人员也要给予足够的重视，日常卫生是俱乐部良好环境的基础，整洁舒适的环境是俱乐部吸引顾客的基本要求，是俱乐部竞争力的重要保障，所以在俱乐部管理中没有小事可言。

3. 休闲体育俱乐部管理的主要内容

有效管理的主要目的就是获得最大的效益，休闲体育俱乐部属于服务型的行业，其制造的产品主要就是“休闲健身服务”。休闲体育俱乐部管理的主要任务就是有效整合俱乐部的资源，制造出优质的“休闲健身服务”产品，以获得最大的经济效益。针对休闲体育俱乐部这一管理特点，其管理工作就应该围绕“如何提供优质服务、提高效益”这一核心问题展开。一般而言，休闲体育俱乐部管理的主要内容包括了经营战略和发展规划的制定、组织机构的设置和人力资源管理、会员管理、服务质量管理、市场营销管理、场地设施管理等。

（1）经营战略和发展规划的制定

战略一词，原指战争的谋略、韬略，现被广泛用于社会生活的各个方面。休闲体育俱乐部的经营战略就是在对休闲体育市场、居民消费结构等各方面因素的全面了解和认识上，对俱乐部的经营与管理所做的全局性策划，以及所制定的未来发展目标与对策。发展规划的制定是建立在经营战略研究的基础上的，属于管理计划职能的范畴，是俱乐部今后经营管理工作顺利开展的基础，是休闲体育俱乐部管理的首要工作。

（2）组织机构设置

休闲体育俱乐部的组织结构设置就是科学地设置俱乐部的各个部门机构，合理划分各级管理部门的职权；调整组织内部的各级人员布局，确保每个成员能够充分发挥其才能和专长；完善体育组织的工作制度和规范，明确管理关系，确保俱乐部的运营和管理工作有序、系统地进行。

（3）人力资源管理

人是生产力中最活跃、最积极的因素，是物质和精神财富的创造者。休闲体育俱乐部的各项管理和服务都是靠人来完成的，优质的服务更是与人员的配备以及员工的素质分不开。因此人力资源管理是休闲体育俱乐部管理的重要内容。

（4）会员管理

稳定的会员群体是休闲体育俱乐部赖以生存的生命线，因此会员的招募和管理是休闲体育俱乐部管理中的中心工作，也是休闲体育俱乐部营销的主要工作。一个成功的休闲体育俱乐部必定拥有一个稳固的会员群体，如何有效地形成及管理这些会员，不断增强其对俱乐部的认同感和归属感，提高其满意度，是休闲体育俱乐部日常管理中急需解决的重要问题。因此俱乐部应该设置一个部门专门管理会员的相关事务，使会员的管理工作能更有序地进行。

（5）服务质量管理

服务质量是休闲体育俱乐部的生存命脉，消费者到俱乐部活动就是希望享受到优质的服务。俱乐部服务质量的提升与保持跟俱乐部的管理分不开，因此如何对休闲体育俱乐部的服务与质量进行管理是休闲体育俱乐部管理者应关注的问题，对休闲体育俱乐部的管理问题进行研究必然涉及服务质量管理问题。

（6）市场营销

休闲体育俱乐部的市场营销主要是提供完善的休闲体育服务，使顾客享受到专业的体育指导及服务，为顾客提供全面而个性化的服务，组织各种精彩活动，增强顾客的情感连接和信任感。努力将简单的交易关系转化为基于相互依赖、心灵沟通和深厚情感的合作伙伴关系，从而收获忠实的客户和会员。把已有的顾客看作是俱乐部的宝贵资源，与顾客建立长期的密切联系，这是俱乐部获得良好效益、在激烈的市场竞争中得以生存的重要条件。

（7）场地设施管理

场地设施是休闲体育俱乐部经营的硬件基础，是俱乐部良好形象建立的基本保障，也是俱乐部提供高水平服务的基本保障。因此搞好休闲体育俱乐部场地设施的管理在俱乐部日常管理中显得尤为重要。场地设施管理主要涉及三个方面：一是场地设施的设计与配套，二是场地设施的日常清洁，三是场地设施的维修保养。抓好这三个方面的工作不仅能使俱乐部的场地设施功能齐备、环境优美整洁，而且能够延长俱乐部场地设施的使用寿命。

三、休闲体育活动的管理

活动的正常进行需要有效的管理。从确保休闲体育活动持续健康发展的视角，或者更高层次的经济增长和社会进步角度看，休闲体育活动的经营管理显得至关重要。这不仅意味着我们应在活动的持续进展中不断累积经验、规范流程、完善细节并进行创新，更需要我们站在理论高度，对这些管理方式进行深入的探讨和解析。这种系统的研究将确保休闲体育活动管理始终保持其核心竞争力和魅力。

（一）休闲体育活动及其管理的内涵

活动是指为达到某种目的而采取的行动。休闲活动是指人们在闲暇时间里自愿从事的与谋生无关的非报酬性的自由活动时间的总称。休闲体育活动是指人们在闲暇时间里组织的为了达到增强体质、舒畅身心、丰富文化生活、提高生活质量等目的具有鲜明娱乐色彩的体育活动，是一种积极、健康的现代社会活动形式，具有主体的广泛性、时间的业余性、内容的多样性和效益的双重性特征。

休闲体育活动管理是指休闲体育活动的管理者为保证休闲体育活动的正常进行，实现休闲体育活动的既定目标，而对休闲体育活动所进行的计划、组织、协调和控制等过程。本质上，这涉及与休闲体育活动相关的各种要素和资源，如人力、资金和物资，进行高效的规划、组织、调整和监控，目的是充分挖掘这些资源的可能性，从而达到休闲体育活动的综合目标。

活动项目具有五个特点：一是鲜明的目的性，二是受资源的约束性和范围的确定性，三是一次性，四是运作程序和项目程序相同，五是服务性。休闲体育活动符合这五个特点，因此，休闲体育活动管理属于项目管理的范畴。

根据投入项目的人员多少、持续时间长短、项目投资额的多少等指标，可以将休闲体育活动项目分为大项目、中等项目及小项目；按休闲体育活动项目所包含的内容、技术、组织关系、人员关系的复杂程度划分，可以把休闲体育活动项目分为复杂项目和简单项目。例如，体育节就比较复杂，而一次小型体育比赛就相对简单得多。

（二）休闲体育活动管理的过程与方法

从生命周期看，活动可以划分为论证、规划、实施和收尾四个阶段，而每个阶段的基本过程又可分为启动、计划、执行、控制和结束。按照休闲体育活动的类型和特点，可以把一个完整的休闲体育活动周期划分为三个阶段，即策划阶段、实施控制阶段和结束收尾阶段。

1. 策划阶段

在休闲体育活动的筹备过程中，从初步构想、预研与策略酝酿，直至该活动正式进入可行性审查和批准流程前的部分被称为活动策划。此阶段的主要目的是制定一个全面的计划方案，以便立即交由执行团队实施。

（1）设想阶段

这是休闲体育活动的创意阶段，可由策划人员、市场人员发起，通常依据客户的直接需求或者分析得到的间接需求发起活动，包括休闲体育活动的主题及其相关内容。这个主题一般是比较有前景的活动设想。

（2）调研与可行性研究阶段

在提出活动设想之后，就要对主题假设进行市场调研，首先要掌握客户需求的真实情况，要通过问卷、抽样、电话访谈等方法获得第一手资料，分析市场环境，周边地区近期有无同类活动；本地区是否具有举办该主题活动的资源优势，包括经济实力、场地设施等；初步明确活动的战略目标；选定主要的客户群，对活动的损益进行估算；主要从市场、资源和财务三个角度，对该活动进行定性分析。

（3）立项阶段

通过可行性研究，形成活动建议书，一般都需要申请公司立项或申报到有关部门进行核准后才能启动，同时申请专项的活动启动资金。如果获得审批通过，就要进入下一步的流程。在策划阶段，需要编制的活动文件有休闲体育活动建议书、可行性研究报告、活动申请书和招标文件、活动许可证书等。

2. 实施控制阶段

（1）计划阶段

当可行性研究结果表明休闲体育活动可行或已经具备了必要的条件时，尤其是活动立项批准之后，首先要做的就是确定活动实施的组织结构，组建活动管理机构。

①组建管理机构。任命项目经理、组建活动团队是休闲体育活动正式实施的一个明确标志。经理是负责活动管理的个人，他既是活动的领导者、组织者、管理者和决策者，也是重大决策的执行者。经理既可以从组织外部招聘，也可以从组织内部挑选。他们除了要具有良好的人际交往能力，还要具备出色的领导能力、培养与训导员工的能力、非凡的沟通能力、处理问题和解决问题的能力及管理时间的能力。

活动团队是指一组互相联系的人员为同一活动目标而聚集在一起，有着高度投入精神的团队，包括经理、班子和团队队员。休闲体育活动班子一般都是临时性组织，在选择团队成员时要考虑兴趣、爱好、技能、经验等方面的问题。

塑造团队精神，形成团队文化，是保证活动取得成功的重要手段，在潜移默化中培养成员对团队的认同感，在共同奋斗中和谐相处，调动成员的积极性，激发成员主动参与处理团队事务的热情，形成相同的团队价值观，养成一致的道德规范，提高团队的绩效水平。

②制订休闲体育活动目标。这是制订活动计划的第一步。休闲体育活动的目标已经在策划阶段的活动建议书和可行性报告中写出，但较为笼统，所以计划过程中确定的目标应该是明确的、具体的、定量的、切实可行的，同时与活动成员的个人利益目标一致，能够起到激励作用。

休闲体育活动的目标应具有以下特点：一是多目标性，满足赞助商、消费者、观众等多重目标系统；二是优先性，在不同的活动生命周期的不同阶段，时间、成本和技术性能三个基本目标由于重要性不同，被赋予的权重也不同，从而具有不同的优先权；三是层次性，有一个从抽象到具体的递阶层次结构，从战略性计划到日期安排、人员安排等具体事项的贯彻落实。

③确定活动范围。合理恰当的范围定义对活动的成功至关重要。一般来说，确定休闲体育活动范围包括赞助商范围、观众或参与者范围、新闻媒体范围等几方面内容，通过确定赞助规模、活动规模、场地规模等来满足观众或参与者需求和实现自身目标。

④分解活动任务。将休闲体育活动基于其核心结构和执行流程进行层级化的详细拆分。此操作旨在确保对成本和时间的估算更为精确，并明确资源分配的过程。

⑤制订活动策略。需要为活动的每个细节制订明确的策略，包括活动预算、时间表和人力资源分配等。

⑥评估方案可行性。针对各个提出的方案进行深入的检查与评定，选择最合适的执行策略，并整合成完整的活动策划文档。

（2）执行阶段

这个阶段的关键在于确保休闲体育活动的正式落地与执行，其核心内容和步骤包括：①计划付诸实施。②信息的传递及市场推广，确保活动的相关信息能够及时传达给相关参与者。③确立工作流程和规章制度，以便后续的控制和评估。④全面安排，确保任务有明确的执行者。⑤持续记录，包括日常工作日志、定期的总结以及关键事件的报告。⑥塑造团队精神与文化。

（3）控制阶段

这个阶段的重点是监控休闲体育活动的执行状态，主要涉及两大核心任务，即活动控制与活动变更。

①活动控制。为了保证休闲体育活动的顺利推进，需要对所有相关的工作任务进行实时监控。这样，一旦发现偏差或问题，就可以迅速进行原因分析并做出相应的调整，确保活动始终沿着预定的方向前进。活动控制是活动控制的核心，休闲体育活动组织者应该建立相应的财务管理制度，在活动执行过程中进行预算和成本控制，及时发现活动成本差异，争取在情况变坏之前采取措施予以纠正。还有时间进度的控制，控制活动时间和节约时间，保证活动能够在满足其时间约束条件下实现活动目标。

②活动变更。由于活动的内外部环境处于变化状态，所以通过控制会发现在实际执行过程中不可避免地存在偏差，这时就要不断进行调整，在某些方面进行变更；由于个人原因或活动组织的变化会出现领导班子职务变动和新人接手、员工病假等人员变更，需要对人员进行调整；由于对人员、财务和物资等资源的分配存在问题，所以休闲体育活动的预算需要进行修正。活动变更的核心目标是找到降低成本的策略，冷静处理预算调整事宜。在由于客户的需求变化而需要及时调整活动目标时，要及时把握需求动向，在成本控制下完成活动目标的调整。

3. 结束收尾阶段

结束收尾阶段是休闲体育活动的终结阶段，意味着所有的活动都已经达到尾声，或者尽管部分活动尚在进行，但由于某些因素，活动不得不提前终止。这一阶段主要是对活动执行后的评估，主要内容包括以下几个方面。

（1）费用决算

这是指对从活动筹划开始到休闲体育活动结束为止这一全过程所支付的全部费用进行的结算与核实，并最终编制活动决算书的过程。

（2）合同收尾

对照合同的条款对合同的实施情况进行核实，逐项检查落实情况，检查合同标的、数量、质量等是否得到有效的实现，以及清算各种账款，解决所有尚未了结的事项。

（3）资料文本归档

休闲体育活动资料包括可行性研究报告及相关文件、活动评估与决策报告，活动的各种计划文件，合同文件，活动实施过程的进度、成本、质量记录，各种变更记录，质量验收报告等。

（4）活动后评估

包括经济效益评价、社会效益评价和管理后评价，总结活动成功的经验或分析失败的原因，为以后的活动管理工作提供借鉴和参考。

（三）休闲体育活动的利益相关者

影响休闲体育活动目标的个人和群体是利益相关者，同时受活动目标实现过程中采取的行动影响的个人和群体也是利益相关者，活动团队必须对活动利益相关者的需求和期望加以识别，进行管理并施加影响以确保活动成功。结合休闲体育活动的具体情况，主要有以下重要的利益相关者。

1. 主办机构

组织机构是指负责休闲体育活动组织、策划、招商、管理、运作等事宜的有关单位。组织机构可以是企业、行业协会、政府部门和新闻媒体等。根据各单位在举办活动中的不同作用，一个休闲体育活动的组织机构一般有以下几种：主办单位、承办单位、协办单位、支持单位等。在策划举办一个节事活动时，必须确定这些机构是哪些具体单位。

（1）主办单位

主办单位是拥有休闲体育活动的举办权并对活动承担主要法律责任的组织单位。主办单位在法律层面对活动拥有全部权利。在现实中，主办单位通常有三种模式：一是除了拥有活动的全权，还需要对活动负主要法律责任，并全权负责活动从策划、组织到实际操作和管理的所有环节；二是只拥有活动的举办权并对活动承担主要法律责任，但不参与活动的实际策划、组织、管理、运作等；三是名义上的主办单位，什么也不承担。出现后两者的原因是这些主办单位有着强大的行业号召力，根据需要来决定主办单位的形式和名单。

（2）承办单位

该组织单位直接处理休闲体育活动的策划、组织、管理及实际操作，并对活动承担主要的经济职责。另外，许多这样的单位也主导活动的商业招募、宣传和推广任务。承办单位是活动组织机构中较为核心的单位，对活动的举办有着重大的影响。在实际操作中，应根据各承办单位的优势和劣势，以及活动的需要，来做出合适的安排。

（3）协办单位

协办单位是辅助负责休闲体育活动的策划、组织、管理及实施，同时也参与商业招募、宣传与推广工作的机构。虽然协办单位对活动一般不承担财务责任，也不承担重要的招商、宣传和推广工作，但他们所起的作用往往是主办或承办单位所缺乏的。

（4）支持单位

支持单位是对休闲体育活动主办或承办单位的活动策划、组织、管理、运作或对其招商、宣传和推广等工作起支持作用的组织机构。支持单位不对活动承担任何责任，包括法律责任和财务责任。

主办单位和承办单位对一个休闲体育活动的运作来说，是最为核心和最重要的组织机构，协办单位和支持单位的作用也很重要。选择好主办、承办、协办和支持单位及处理好他们之间的关系对活动的成功举办和长远发展有着十分重要的意义，这不仅可以提高活动的档次、规格和权威性，而且可以吸引广大媒体的关注，广泛进行新闻宣传，扩大活动的影响力，形成活动的品牌效应。

2. 活动经理与活动团队

活动经理是活动的负责人、组织的核心，活动经理必须明确自己在活动管理中的作用和地位、职责和权限，要识别谁是活动的利益相关者，并负责协调各方面的利益，尽可能地使各方面的需求得到满足。只有活动团队具有凝聚力，才能团结所有成员实现活动目标。团队中每一个成员，从活动经理到领导班子、全体工作人员，甚至志愿者，都应共同拥有一个愿景，这个愿景深深植根于每个人的心中，包含他们的个人愿景和目标。这个愿景与目标反映了每个人的意向和利益，并具有强烈的吸引力，足以点燃团队成员之间的激情和热情。

活动成功的背后是每个团队成员的心血和汗水。他们的责任不仅仅是完成自己的职责范围内的任务，还要持续地为团队的高层决策提供宝贵的信息和建议，特别是在资源配置和分配上。在休闲体育活动中，每个决策、每一次调整都关乎整个团队的未来和成败。

更重要的是，团队中的每一个人都需要真心实意地将自己的前程与团队的命运紧密结合。这种真挚的情感会让他们愿意为团队的长远利益和目标付出努力。个人的成功离不开团队，而团队的成功也需要每个成员的全心投入，这样的团队精神，无疑是推动休闲体育活动走向成功的关键因素。

3. 赞助商

赞助在休闲体育活动管理中显得尤为独特。对于众多大型企业来说，赞助不仅是一个建立良好公共形象的有效途径，更是其市场营销策略中不可或缺的一环。特别是当涉及大型休闲体育活动时，赞助被视为能够提升品牌知名度、促进销售增长的宝贵机会。实际上，赞助商与休闲体育活动之间已经构建起一种合作关系。

为了确保这种合作关系的持续和深化，活动管理者必须充分了解赞助商的需求和期望。活动管理者需要深入探究赞助商希望从活动中获取什么样的利益，以及活动本身能为赞助商带来哪些价值。值得注意的是，对于许多赞助商来说，活动现场的观众数量并不是其主要关注的点。他们更看重的可能是与活动相关的媒体报道和广泛的曝光度。这是因为赞助商的主要目的往往是希望通过活动来增加销售额，或者利用这样的平台深化与现有和潜在客户之间的联系。而对于休闲活动管理者来说，赞助可以减少资金周转的压力，给活动带来额外的收益。

4. 新闻媒体

现代媒体在休闲体育活动的推广中发挥着至关重要的角色。为每一个大型活动制定详细的媒体策略是至关重要的。利用媒体的多样性、广泛覆盖、高速传播和即时信息更新的特点可以显著提高休闲体育活动的知名度和影响力。例如，结合全国和地区性媒体，融合大众和专业媒体，以及传统媒体与网络媒体的有机组合，都可以达到更出色的宣传效果。

5. 活动参加者和观众

活动参加者和观众是休闲体育活动的利益相关群体。现在，休闲体育活动在策划中越来越重视活动参加者和观众的参与程度，它甚至对休闲体育活动的成功起着举足轻重的作用。

第三节　休闲体育营销

休闲活动通过结合体育运动为其增添了更多魅力，打破了设备、技术、场地、人数和规则等的束缚，吸引更多的人参与进来；同时，体育项目也融合了休闲特点，这使得休闲体育活动更加多元化，其趣味性和娱乐价值也得到了显著增强。随着经济的发展和人们生活水平的提高，休闲体育活动与其他非生活必需品一样，逐渐成为人们的选择，休闲体育消费也得到显著增加，休闲体育产业化是休闲体育活动持续发展的支撑，也是体育经济市场的新兴产业形态。

一、休闲体育营销概述

（一）休闲体育营销的基本概念

休闲体育营销是在休闲体育产品或服务的目标市场中通过交换来满足消费者

需求的各种活动的。休闲体育营销的出发点和中心是为了满足消费者的需求，只有满足了消费者的需求，休闲体育生产组织的目标才可能实现。在休闲体育的营销活动中，为确保组织目标得以实现，整个营销活动需要经过精心的规划、执行和监控，因此，这种做法也可以被称为休闲体育营销管理。

休闲体育营销主要是针对休闲体育产业而言。休闲体育产业是一个具有巨大市场潜力和不断变化发展的产业，它由不同的休闲体育企业、组织和产品或服务构成，其主要目的是满足消费者进行休闲体育活动的需求。

（二）休闲体育营销的特征与要素

1.休闲体育营销的特征

在政治、经济、文化不同的国家，营销方式不应该一成不变，即使在同一个国家，不同的行业采取的营销方式也有所不同。休闲体育营销具有自己的特点，具体如下。

①营销的主体单位多种主体共存。从营销主体来看，休闲体育产品或服务的品种繁多，所以休闲体育营销的主体单位不应只是休闲体育企业，而应是相关的组织机构和个人等多种主体共存。

②营销对象多样化。从营销对象来看，休闲体育营销的对象不再是单一的产品或服务，而是对各种有价值的事物进行有效利用，以满足消费者的精神需求。

③营销观念以顾客为导向。从营销管理重点来看，由于顾客直接参与生产过程，如何维系顾客关系就成为了休闲体育营销管理的一个重要内容。休闲体育营销强调满足人们的心理需求，休闲体育组织必须树立顾客导向的营销观念，提高服务质量。

2.休闲体育营销的要素

（1）产品

休闲体育服务产品不同于可以触摸到的一种或一批有形的实物产品。它更多是要靠消费者自己感受和体验无形的活动或项目的集合，在多数情况下，休闲体育供给物是休闲体育服务的综合体，包含了很多服务活动。例如，一场滑雪活动，消费者购买的产品不只是滑雪运动本身，还包含了滑雪场工作人员的其他附加服务，如信息咨询、基本技术指导、现场急救处理等。对于具备这种特性的产品，我们需要重点关注其所能提供的服务范围、服务的品质及水平，并且不可忽视产品的品牌形象、服务的保质承诺和售后支持。

现代的营销策略倾向于互动性，随着现代营销理念的深化，企业更加重视顾客和对顾客心态的深入了解。具体到新产品的研发，这意味着更加靠近消费者，邀请他们参与到新产品的构思和评价过程中。通过增加潜在顾客在新产品开发过程中的参与度，不仅可以激发更多的创新思路，还可以提高顾客对产品的了解和接受度。这样的做法有助于确保新产品能够灵活应对市场变动，更好地满足客户的期望和需求。

（2）定价

现代营销战略将价格称作成本，即为了满足顾客需求而愿意支付的代价。作为市场供求力量相互作用的结果，价格对于双方的利益分配具有重要影响。休闲体育需求旨在满足个体的精神愉悦，每个人对同一产品价值的理解各有差异，同一产品价格对不同消费者的满足程度也存在差异。

在确定休闲体育产品或服务的定价时，需要综合考虑多个因素，包括产品或服务的内涵与质量、价格水平、折扣、减价和佣金、付款方式以及信用条款。在区分不同休闲体育服务时，价格作为一种识别手段，顾客能够从价格中感知到所购服务的价值高低。例如，健身俱乐部的会员贵宾卡与普通卡的价格截然不同，它们提供的服务内容和质量也有显著区别。

在为休闲体育产品定价时，必须基于对目标顾客需求心理的深入分析来进行定价策略定位。在众多的定价方法中，以需求为导向的定价策略在休闲体育领域中最为普遍。这种策略根据消费者对产品需求的强度和价格承受能力来进行定价。

（3）分销

产品从生产者到使用者的转移过程构成了分销渠道。为确保产品流通的顺畅，设计、建立有效管理分销渠道是不可或缺的。分销决策涵盖了渠道类型和渠道管理，其核心在于选择、管理和评估营销中介机构。通过明智的分销决策，休闲体育企业能够确保产品顺利地抵达消费者手中。

（4）促销

促销是通过人员或非人员推销的方式向目标顾客传递产品或服务信息的过程。这种策略能够帮助消费者熟悉产品，引发兴趣，激发购买欲望，并最终引导购买行为。休闲体育产品的促销具有四大基本功能：信息传递、劝说、提醒和提升产品价值。通过精心设计的促销活动，休闲体育企业能够有效与目标市场互动，推动销售额增长。

（5）人员

在休闲体育服务企业中，从事生产或操作性角色的人员在顾客看来就是服务产品的一部分。他们的表情、专注程度以及对顾客感受的关注都能影响顾客的体验。休闲体育服务企业的员工可能同时负责服务表现和销售，因此，营销管理者需要重视员工的招聘、培训、激励和监督。

此外，休闲体育营销业务从业人员之间的关系也很重要，因为顾客对产品质量的看法可能受其他顾客的影响。在这种情况下，营销管理者需要控制有关企业产品和服务评价的信息流动。

（6）有形展示

休闲体育服务企业的有形展示对消费者对企业的评价有着重要影响。从实体环境到服务所需的装备实物，这些元素都能影响消费者的主观体验感受。由于休闲体育产品对生理需求的影响有限，满意程度取决于顾客的主观感受，因此，休闲体育组织需要通过组织形象、服务环境和价格等手段增强有形展示的可感知性。

（7）过程

休闲体育营销过程是指把休闲体育产品及服务信息递进给消费者的过程。这个过程不仅体现了休闲体育企业的运作政策和程序方法的采用，还体现了服务供应中的机械化程度、员工裁断权的适用范围、顾客参与服务操作过程的程度、咨询与服务的流动、订约与待候制度等，这些都是营销管理者要特别注意的事情。

二、休闲体育服务营销

休闲体育服务不同于一般服务。休闲体育服务不是一个具体的物品，而是一系列的体验活动或者说是体验过程。这种体验活动始终贯穿整个休闲体育服务过程，并且这种体验并非单纯的快乐感觉，它包含着人类所能感受到的如痛苦、紧张、挫败等一系列的复杂感觉组合。消费者满意度是衡量休闲体育服务质量的重要标准之一，是企业成功的重要评价指标之一。如何在休闲体育服务过程中让体验活动深入人心，从而在可控范围内提升消费者满意度，对休闲体育企业的未来发展起着至关重要的作用。

（一）休闲体育服务营销组合策略

营销组合代表了一系列由企业可操控的要素，能够影响市场需求。这些要素涵盖了产品、价格、分销渠道以及促销等，它们是实施营销的工具和手段，可以被整合到营销计划中，以争取特定目标市场的反应。20 世纪 80 年代，市场营销学专家布姆斯和比特纳将服务营销组合由四个要素修改和扩充成七个要素，即产品（Product）、定价（Price）、分销渠道（Place）、促销（Promotion）、人员（People）、有形展示（Physical evidence）和过程（Proces），简称 7Ps。时至今日，经典的“7Ps”依然是众多企业营销人员需要熟知的内容。

休闲体育服务营销组合是指应用多种营销要素进行灵活组合以增强休闲体育服务的竞争力，要素组合可以根据营销目标进行相应的灵活组合。通常狭义的营销组合策略是产品策略、价格策略、分销策略以及促销策略四种策略。这里主要介绍差异化策略、关系营销策略和内部营销策略三种常用的应用性策略。

1. 差异化策略

差异化造就出不同风格的休闲体育企业，也造就出不同类型的休闲体育服务产品，差异化策略是休闲体育服务企业为了有别于竞争对手，从而获得竞争优势而采取的策略。在市场规模一定的前提下，每一次合理的差异化策略都会使整个市场分化出一个新需求领域或者淘汰一种产品。

服务的差异化就是服务异质性。从实践角度看，休闲体育服务领域的差异化策略类型有以下两种。

（1）服务产品差异化

有形产品领域其差异化策略往往把服务差异化和产品差异化分开进行。但休闲体育产品的特点是服务与产品高度统一，因此应将两者融合进行差异化策略应用。具体表现在服务产品多样化、服务产品特色化等方面。

服务产品多样化是针对不同的消费者或不同的需求提供不同的服务。休闲体育行业是比较容易体现服务的多样化的，因为休闲体育项目正处于不断发展变化的阶段。休闲体育服务的多样化既有利于实现服务市场的细分，也有利于休闲体育服务创新和服务技巧化。

服务产品特色化是指向消费者提供独特的、体现自己个性的服务。休闲体育服务企业可以从环境、人员、时间、活动、地域等几个方面实现服务产品特色化。

（2）服务人员差异化

训练有素的服务人员应能体现出六个基本素质：胜任、礼貌、可信、可靠、反应敏捷、善于交流。在休闲体育服务领域、对服务人员的素质要求除了以上六个基本素质，还应具备一定的休闲体育专业素养。这也对休闲体育专业人才的培养提出了新要求，即应该培养差异化的休闲体育人才，而非采取大一统的人才培养模式。

2. 关系营销策略

建立长期的客户合作关系是休闲体育产业的根基。长期有两层意思：一是指企业应该与客户建立长期稳定的商业关系；二是指如果要建立稳固的商业友谊，必须要经历长期的良好合作关系的积累。

所谓关系营销，是将营销活动视作企业与消费者、供应商、分销商、竞争者、政府机构以及其他公众之间互动和交流的过程，其核心在于建立和培养与这些相关公众之间良好的关系。关系营销的实质在于在市场营销中与各方建立长期稳定的合作关系，以促进双方的协同发展。

3. 内部营销策略

很多休闲体育公司在进行营销策划时，往往认为营销的对象是在公司之外。其实营销不仅仅是对外进行销售，在进行对外销售前首先要做到对内销售。简言之就是对内部市场进行优化。

1981 年，瑞典经济学院的克里斯琴·格罗路斯发表了论述“内部营销”概念的论文。他认为，公司设置了强有力的营销部门并不意味着这家公司实施了营销导向；公司实施营销导向的关键问题是要培养公司经理和雇员接受以顾客为导向的观念，而这一工作比为顾客开发有吸引力的产品和服务更为棘手。① 在此基础上，菲利普·科特勒进一步提出了营销化的理论，指出要使公司营销化，就是要在公司里创造一种营销文化，即培养和训练公司员工以满足顾客需求作为宗旨和准则的观念，并使员工在意识和行为上产生认同感。②

总之，休闲体育内部营销是通过满足员工需求的分阶段生产方式来吸引、培养、激励和留住胜任的员工。休闲体育内部营销将员工视为内部消费者，以取悦员工为中心。这是一种透过分阶段生产来满足人类需求的策略。

（二）提高休闲体育服务质量的策略

对于所有休闲体育经营单位来说，提升服务质量是一项持续的任务。随着外部环境的不断变化，这些单位需要及时识别出现的质量问题，并采取相应措施进行改进，以在激烈的市场竞争中依靠卓越的服务赢得竞争优势。

1. 控制休闲体育服务传递过程中的差距

休闲体育服务通常在与消费者的接触中实现，在这个过程中，服务提供者的技巧、方法、行为与消费者的期望交织成为服务传递的核心。消费者在此过程中感知到自身所获得的服务质量。因此，休闲体育服务质量的提升涉及经营管理、服务提供、服务质量标准和消费者等多个方面。这些方面的整合与协调程度越高，服务传递越无缝，服务质量也会随之提升。以下是在服务传递过程中控制差距以达到提高服务质量目标的途径。

---

① 彭星闾. 营销管理学 [M]. 北京：中国统计出版社，1995.

② 竹林. 经商必读手册 [M]. 哈尔滨：黑龙江美术出版社，2005.

（1）控制消费者期望与经营管理者认知间的差距

消费者的期望是不断变化的，而经营管理者往往难以完全了解消费者对休闲体育服务的期望。这导致他们无法充分把握消费者期望的变化对休闲体育经营管理的影响，从而影响到服务质量。例如，健身俱乐部经营者可能更注重内容、时间和价格的安排，而对消费者在健身过程中关注的氛围、环境和安全等因素认识不足。如果经营管理者不能深入了解消费者的期望，提升服务质量将难以实现。解决这一问题可以从以下几个方面入手。

首先，通过市场调查来深入了解消费者的期望，并建立起管理者与消费者之间的直接联系，以缩小他们之间的差距。其次，直接接触消费者的员工应当把自己的见解和感受传达给高层主管，同时高层主管也应当鼓励员工与他们面对面地进行沟通。最后，服务组织的结构应尽量扁平化，以减少向上沟通的阻碍，确保信息能够流通得更加畅通。通过这些策略，经营管理者可以更好地理解消费者的期望，从而改进休闲体育服务，提升服务质量。

（2）控制经营管理者的认知与服务质量标准的差距

为提升服务质量，经营管理者常常将服务过程分解为标准化的步骤。然而，出于资源有限、短期目标或管理失误等原因，经营管理者制定的具体服务质量标准往往未能充分反映消费者的期望。要解决这一问题，可从以下角度出发：首先，正确认识消费者期望的可行性，明确哪些期望能够在实际操作中得以满足，避免过高或不切实际的期望；其次，对于那些反复出现且不涉及技术性问题的服务，实行标准化管理，以确保在各个环节都能够提供一致的服务质量。最后，在制定服务质量标准时，不仅要考虑消费者的需求，还需充分考虑经营单位自身的资源和条件。

（3）控制服务质量标准与实际传递服务的差距

由于服务传递依赖于人，服务质量标准并不总是完全体现在实际的服务过程中。实际提供的服务可能与经营管理者设定的标准存在差异，这种差异往往在服务实践中产生。要解决这个问题，可以从多个方面入手：首先，加强员工培训，确保他们具备胜任任务的能力，并强调员工与消费者之间的互动合作；其次，建立有效的监督控制体系，确保服务提供者能够遵循预定的标准；最后，避免员工在经营单位与消费者之间产生角色冲突，提供员工所需的信息，降低角色不清晰的可能性。

（4）控制实际传递服务与消费者感受的差距

消费者对服务的感受既受到先前期望的影响，也受到经营单位的广告等外部传达的影响。因此，消费者感受到的服务往往与实际提供的服务不尽相同。另一种情况是，经营单位内部的协调不足，未能准确体现实际传递的服务水平。为控制这种差距，可以考虑以下方法：加强经营单位内部横向信息共享，以增强员工之间的协作合作；避免夸大宣传所提供的服务，以免引发消费者对服务的过高期望。通过这些措施，能够更好地控制实际服务与消费者感受之间的差距，提升服务质量。

2. 加强与消费者的沟通

（1）沟通对提高休闲体育服务质量的作用

消费者在休闲体育服务中扮演着双重角色：一方面是休闲体育服务市场的需求者，另一方面则是服务实施过程中的受益者。因消费者在休闲体育服务质量体系中具有服务需求者和接受者的双重属性，所以与消费者展开有效沟通是确保休闲体育服务质量达到预期目标——使消费者满意的关键要素。

与消费者保持沟通，有助于争取并保持他们在休闲体育服务过程中的合作态度与配合精神。在实际服务传递中，如高水平职业比赛中，观众的期望能对运动员的表现产生重要影响。通过多途径加强与消费者的互动，可以营造宽松的氛围、减轻压力，使运动员在比赛中表现出更大的主动性、积极性和创造性，能够减少休闲体育服务实际传递过程中的压力。

积极的沟通交流在休闲体育服务中也能够起到重要作用。通过积极的交流，消费者不仅能够感知到服务人员的认真态度，还能够进一步巩固对服务人员的信任，甚至信任经营单位所做的其他承诺。此外，通过提前预告和告知，消费者可以更加理性地看待可能出现的问题，纠正过高的期望，从而减少不满的发生。

与消费者的交流也扮演着休闲体育服务质量改进的重要信息来源角色。经营单位有时因过于注重服务过程的实际操作而忽视了消费者的期望和需求。通过与消费者的互动可以深入了解他们的需求，以及对服务结果的评价。这些洞察不仅有助于实现服务质量的改进，还能为制定相关策略和措施提供有力依据。

（2）与消费者沟通应注意的问题

为与消费者进行有效的沟通，可采取多种途径，不仅在服务过程中与其互动，还可通过广告宣传、公共关系等方式体现服务特色。沟通应双向进行，服务人员应主动介绍服务方法和传播可信特征，同时消费者也须明确表达需求。要实现有效沟通，经营单位需要协助消费者累积知识，提高对服务过程的掌控，帮助消费者明确提出需求，提升服务质量。沟通主题应涵盖服务描述、适用范围、时效性，明确所需服务与实际需求的关联、服务费用及其关系等。在沟通过程中，应避免模糊的主题，以确保有效传达；遵循平等与公平原则，致力于建立信任和关系，平等对待所有消费者，使交易公平，为消费者提供更多帮助；谨慎处理与有偏见消费者的关系，而非回避。

3. 营造消费者至上的内部环境

在服务过程中，除了物质的支持，最重要的是人与方法，所以要使经营单位内部所有员工树立消费者至上的优质服务的观念。此外，任何成功改善服务质量的管理措施都同时依赖于“自上而下”和“自下而上”两种途径来实施。一方面，以质量为导向的服务行为首先要由高层管理人员先执行，包括履行承诺保证，在资源配置上支持质量管理活动以及建立以质量为核心的文化氛围等。高层管理人员的模范作用对于改善服务质量的管理措施被员工理解、接受和执行至关重要。他们的承诺和支持能够向员工传递出对服务质量的重视，激发员工的积极性，并确保改善措施得以顺利落实。另一方面，改善服务质量的管理也应从最基层的服务人员做起。一个受过良好训练的员工是比物质本身更重要的资源。在这方面，通常的做法是进行有关服务技术与沟通技能的培训。定期将工作相关的员工召集在一起，共同讨论服务中出现的问题，并探讨改善服务管理的措施。通过员工之间的经验交流和集体讨论，可以找到更优质的服务方式，从而提高整体的服务质量。

三、休闲体育赛事营销

随着社会的发展和进步，休闲体育时代悄然到来，人们通过多种方式参与休闲体育运动，休闲体育已经成为人们日常生活中不可或缺的一部分。为了更好地了解体育赛事和休闲体育赛事之间的关系，有必要对它们的定义、性质等进行初步的了解。

（一）休闲体育赛事的定义与类别

1. 休闲体育赛事的定义

从体育学的角度来看，休闲体育赛事是以体育休闲为主题，一次性或不经常发生，且具有一定期限的活动；从经济学的角度来看，休闲体育赛事是指以休闲体育活动作为休闲体育产品，以营销策略为主要手段，以求得最大经济效益为目的的休闲体育比赛，属于体育赛事的一个分支。

2. 休闲体育赛事的类别

体育赛事项目繁多，内容广泛，形式多样，不同的分类标准有不同的分类方法。

①依据体育赛事产品的特征来分。观众驱动型和参与者驱动型是休闲体育赛事的主要分类。观众驱动型赛事通常涉及职业（专业）运动员的参与，主要为观众提供观赏性的休闲体育产品。这些赛事以专业运动员的高水平竞技为主要卖点，吸引着广大观众的关注与欣赏。参与者驱动型赛事主要由基层体育比赛组成。这类赛事的参与者通常是普通大众，参与者以亲身从事体育活动为主要目的，以满足健身、娱乐等需求为主要服务目标。这些赛事强调人们参与体育活动的乐趣和益处，鼓励更多人积极投入到体育锻炼中。

通过这两种不同类型的体育赛事，体育界可以满足不同人群的需求，一方面提供高水平的运动竞技观赏体验，另一方面促进普通大众参与体育运动，增强全民健康意识。这种分类方法不仅充分考虑了体育赛事的特点，还能够更好地满足社会各界的需求。

②依据体育赛事的规模来分。休闲体育赛事可以划分为综合性的休闲体育赛事和单项性的休闲体育赛事。

③依据体育赛事的性质来分。休闲体育赛事可以划分为经营性的商业比赛和公益性的一般比赛。

（二）休闲体育赛事的营销策略

营销是把整个商业过程看作是发现、创造、唤醒和满足顾客需要的过程。由于赛事产品的特殊性，提供服务是赛事产品的主要特征，所以赛事营销实质上是一种提供服务来满足消费者的营销。在休闲体育赛事营销过程中要重点关注以下几个方面的营销策略。

1. 电视转播

电视转播与休闲体育赛事融合，这两者的结合构成了一种相互促进、互惠共赢的关系。根据目前国际上典型组织营销转播权的方式，现归纳出以下几种常见的营销模式类型。

（1）与电视台合作经营模式

例如，南美的阿根廷足协在最初，主要依赖门票销售和出售顶尖球员来维持和扩展其足球产业。但到了 20 世纪 90 年代，电视转播权的销售逐渐成为阿根廷足球的核心收入来源。其主要特征是成立赛事公司，与电视台合作，面向全国，实施统一销售。

（2）直接销售给电视机构的模式

这一模式主要适用于赛事影响大、有许多固定的大型企业客户的赛事。它能明确归属，把握销售，并能够有效地保护组织的利益。其主要特征是将运动会的举办权与电视转播权分离，将转播权直接销售给电视机构。

（3）中介机构缴纳保证金代理销售模式

这一模式主要适用于初期销售，企业客户少，需要通过专业包装才能再创高价值。虽然通过专业运作可以提高效率，但在选择中介机构时需慎重。其主要特征是由国际大型中介机构代理销售。

（4）体育组织联合销售模式

对这一模式来说，充分的信任、团结的组织、高额的成效、合理的分配是其存在的必要条件。它能保护不同水平运动队的共同利益。如果分配不适宜的话，容易在不同水平的队伍中间产生矛盾。其主要特征是享受反垄断豁免，集中体育队伍，统一销售，规模经营。

2. 互联网

随着互联网的发展，休闲体育赛事的组织者必须了解互联网的价值，并且能够利用和发挥它的全部潜能。互联网营销成功的关键在于注册适合市场的网址、丰富和随时更新的内容、方便使用的网站、快速下载的网页、前沿技术、激励措施以及适合访问者的内容。

3. 为赞助商服务

服务赞助商的重要方式之一是体育赛事主办方邀请名人参与体育赛事的活动，以提高体育赛事的知名度，从而扩大体育赛事的宣传效应。

4. 观众参与

从消费链的观点出发，体育赛事的策划首先要关注市场、细分市场，关注消费群体。在调查的基础上，体育赛事组织者要尽可能用良好的赛事产品，加大宣传力度（通过广播、电视和网络等方式），满足目标消费群体的心理需求，从而尽可能多地吸引参与者与观众。

5. 运动员营销

运动员是体育比赛活动的中心，也是体育赛事的中心。因此，在重大商业性比赛中，吸引好的运动员参加比赛、组织黄金联赛、设立大奖是组织体育赛事的重要工作，也是重要目标。在基层的体育赛事中，动员社会、动员家长、设立比较丰厚的奖励也是如此。

四、休闲体育户外运动产品营销

户外运动产品的营销是体育营销领域的一个细分领域。体育营销的定义是，为了满足消费者需求并实现体育组织的愿景，对产品、定价、分销及促销进行的一系列策略规划和执行。这些策略旨在满足体育市场中的消费者对于休闲体育产品或服务的需求。

户外运动产品营销专注于户外活动领域，是体育营销的一个子集。其目的是满足户外运动爱好者的需求，并帮助相关的户外组织或机构达成其目标。通过对产品、定价、分销和促销的分析，可以从休闲体育户外运动产品营销的产品策略、价格策略和渠道策略三个角度进行深入探讨。

（一）休闲体育户外运动产品营销的产品策略

1．产品整体概念

产品的整体概念在营销领域被视为一种深入的理论，它对于企业的运营和管理起着至关重要的作用。经典营销理论中，产品被细分为五个层次，从内部到外部分别为核心产品、形态产品、期待产品、附加产品和未来潜力产品。核心产品关注消费者获得的基本利益或在使用产品或服务时所追求的主要价值，大多数户外用品都能提供这样的核心利益。形态产品则关注产品的外观特性，如设计、品牌和包装。在户外用品领域，尽管产品外观多样，但容易被模仿，导致市场上的产品趋于同质化，企业仅依靠形态来吸引客户的难度增大。期待产品是消费者购买时希望从产品或服务中获得的特定利益。为消费者提供他们期望的产品或服务。附加产品涉及购买产品后消费者所期望的额外服务或利益，如售后服务。未来潜力产品则关注那些尚未被充分认识的需求，这些需求可能会在将来成为关键的考虑因素。

2．品牌

品牌被视为一种无形的价值，早期主要用于标识某一产品或服务，通常表现为文字、图标、设计、模式和扩展等元素的结合。然而，品牌与商标并不是同一概念。商标具有法律属性，而品牌则是商标的一部分。在欧美成熟的户外用品领域，品牌的差异化策略是企业的竞争优势所在。随着众多国际户外品牌进入我国，企业要想在市场上获得领先地位，就必须通过不同的品牌策略来强化自己的品牌形象，从而增强企业的品牌价值。

（二）休闲体育户外运动产品营销的价格策略

尽管低价户外产品满足了某一消费群体，但若要持续推进户外行业的发展，仅仅依赖低价战略是行不通的。现在很多国内品牌在产品质量、设计和材料等方面与国外品牌并无太大差异，因此无须仅凭低价来获得市场份额。户外行业要长久发展，就要注重品牌的塑造，提高其在市场中的知名度和影响力。展望未来，中国户外产品的定价将出现双向发展：一方面，随着国内户外企业向品牌化方向发展及行业整合，只会有部分强势品牌留存，这些品牌的产品价格可能会上升，与国际大牌相当；另一方面，由于泛户外产品在技术和材料需求上较为宽松，其价格可能会逐步下降。

（三）休闲体育户外运动产品营销的渠道策略

通常，户外产品的消费高峰会在大众休闲体育产品之后出现。由于销售额和营销能力的制约，户外品牌在零售终端的数量并不像大众体育品牌那样多。企业应充分发挥其专业优势，明晰渠道策略中的轻重缓急，合理分配资源，并定期进行效果评估和策略调整。在策略部署上，不仅要提升在各区域的覆盖度，还要在主要城市深化终端管理以增强市场渗透。现阶段，户外用品主要的销售渠道包括商场、多品牌专卖店、独立品牌专卖店和在线平台。尽管户外用品的销售点正在快速增长，其总数和规模仍不及传统体育品牌。鉴于国内消费趋势，只要品牌在渠道建设上加大投入，就能吸引更多的消费者并保障更强的现金流入。户外品牌还可以利用体育专业的投资资金来加速渠道扩展，这将有助于推广高质量的户外商品。同时，电商渠道也应当得到积极发展。长期来看，电商在整体销售中所占比重会逐渐上升。为了确保两者均衡发展，品牌需要加强其影响力和对传统渠道的管理，同时采用独特策略来优化电商发展，确保电商与实体店互补。

第四节　休闲体育产品开发与设计

从目前我国经济社会发展水平和现阶段社会消费结构来看，个人休闲体育消费在个人余暇消费中占有越来越重要的地位，正在成为社会余暇消遣和娱乐休闲消费的重要组成部分，成为整个社会消费结构中不可缺少的部分。随着当前社会经济水平的不断发展提高，人们的可支配收入以及余暇时间也随之增多，人们的健康意识不断增强，对休闲体育的追求变得更加执着。这个时期关注休闲、参与休闲体育、享受休闲体育、消费休闲体育便成为一种时尚的理念，个体在休闲体育的消费必将会有更大的发展，从而促使休闲体育产业逐渐成为国内具有广阔发展前景的朝阳产业。与此同时，休闲体育产品的质量和数量直接关系到休闲体育产业的兴衰和休闲经济的可持续发展，休闲体育产品的开发显得尤为重要。

一、休闲体育产品开发概述

（一）休闲体育产品特征

休闲体育产品由有形的物质形态和无形的精神服务组合而成，无形的精神服务是休闲体育产品的重要组成部分。由于休闲体育产品的生产要素的特殊性，其在生产过程中与大多数的商业产品存在较大差异，而为了使休闲体育产品在市场上更具竞争力和具有较长的产品生命周期，在开发休闲体育产品时除了要注重休闲体育产品的基本属性，还要使休闲体育产品具有独特性。

休闲体育产品就是通过运用体育活动的文化形态使人们达到休闲愉悦的体验，从而满足人们的身心需求。休闲的本质就是一次体验过程而非结果，休闲体育产品是一种体验过程的产品，消费者购买的不是运动过程的工具或者运动后的结果，更多地是一组按照自己要求实施的非物质形态的活动，是一种体验，是一系列感受。只有当体育消费者通过对休闲体育产品进行真实体验后，才能感受到休闲体育产品的休闲价值，才能对这类体验产品有一个客观真实的评价。因此，在休闲产品的开发中，应更加注重对体验情境的营造，以期创造出能使人们全面参与的活动和项目。体验情境的营造要结合产品的主题，为消费者创造一个新的环境或者条件，在消费者的体验需求得到满足的同时，实现经营者的经济利益。

休闲体育产品的消费主体主要是个人消费者。对于休闲体育消费者而言，由于他们的职业、年龄、性别、民族、经历等的不同，因而休闲体育服务的主体对象有男女之分，有老年、青年之别；有身体强壮经常活动的，也有体质较弱偶尔锻炼的；有体育知识丰富的，也有初涉体育消费的。[①]休闲需求是有购买力的欲望，对于每个人的休闲需要，在各自经济条件的限制下形成了不同层次的休闲需求；而消费者文化素质、兴趣爱好的不同，在同种经济条件下，也会造成休闲需求具有明显的层次性。因此，休闲体育产品的层次性是满足休闲消费者差异化需求的一种必然。休闲体育产品功能和吸引力的层次多样性还表现在有些是传统的体育项目，如武术、气功和散步。这些活动在本质上是简单且易于实践的，不需要特殊的场地和大量的经费支持。这类项目往往与文化和历史紧密相连，如跑步和徒手操，可以随时随地开始，不用特别的准备。然而，另有一些体育活动是现代化的，它们要求特定的场地和设施，并伴随着一定程度的经济投入。例如，网球和游泳，它们需要专门的场地和设备来练习。此外，还有家庭健身和旅游活动，

① 苏义民．论体育产品的消费主体及其特征 [J]. 武汉体育学院学报，2004（2）：4-6.

虽然在某种程度上可以在家中进行，但更高级的设备和旅游体验仍需要额外的投资。还有一些新潮的体育活动，它们不仅要求高级的设备和专业场地，而且需要大量的资金投入。例如，高尔夫、保龄球、赛车和摩托艇等。这些活动往往与现代生活的奢华和时尚相结合，为追求刺激和冒险的人们提供了极致的体验。

对比工农业实物产品的生产和消费，这些产品往往经历一个时间跨度较长的生产和消费过程，涉及众多中间环节。但在休闲体育市场中，情况却大不相同。休闲体育市场中，生产与消费是同时发生的，它们在时间和空间上完全重合。换句话说，当人们参与到某个体育活动中时，他们不仅是这项活动的消费者，同时也成为生产者。这一点在很多情况下是显而易见的。例如，一个人在打高尔夫球时，他既是球场的消费者，同时也是这场高尔夫游戏的生产者。

因此，从某种角度看，消费者参与生产的程度实际上是决定休闲体育产品价值的一个重要指标。消费者的参与度越高，这项体育活动所带来的体验和价值通常也越高。这也意味着，休闲体育市场的成功在很大程度上取决于消费者的互动和参与度，这使得该市场与其他传统市场存在着本质上的差异。例如，参加一次户外穿越活动，参与者必须亲身投入穿越过程中，到现场进行消费，通过亲近自然感受其中的休闲娱乐文化，达到锻炼身体、促进人与自然和谐相处的目的，活动一结束，消费也就宣告结束了。

时尚这个词现在已经很流行了。从古至今，时尚一直流行于世。它存在于每个人的生活里，挂在众人的嘴边，甚至可以说，时尚影响着每个人以及他们生活的方方面面。人们对时尚的理解也有很多含义，时尚就是一种方式、一种模式、一种风格潮流。休闲体育产品的时尚性不同于一般体育产品和传统体育产品，是经济水平和科学技术发展到一定阶段时人们所追求的一种文化潮流，具有创新和引领休闲的潮流。从心理反应上来看，休闲体育产品将诸多时尚文化元素恰到好处地融入休闲体育产品设计开发过程，满足了休闲体验者探索未知领域、体验惊险刺激、挑战自我的生活理念和追求。

（二）休闲体育产品开发设计原则

1. 市场导向原则

市场导向的原则是基于休闲体育市场的需求特点和变化趋势来决定休闲体育产品开发的主题、种类、层次以及目标受众等方面的。休闲体育产品开发的目的是获取最大的经济效益和社会效益，而获得这些效益的保证是要能吸引一定规模和数量的休闲体育的体验者。这就要求产品开发方在开发休闲体育产品时要注意以下几点：首先，要牢固树立以市场为导向的原则，加强对休闲体育市场因素和客源条件的调查分析，通过深入了解市场状况、预测市场未来走向以及分析市场动态，将休闲体育市场的需求作为制定新产品开发计划的主要出发点；其次，要以最大限度地满足休闲体育者的需求为标准，准确把握市场需求和变化规律，结合休闲体育资源特色，根据资源条件和客源市场需求指标确定明确的开发方向；最后，要根据需求和开发方向，选择休闲体育新产品的开发重点，从而减少在开发过程中的盲目性，最大限度地降低开发成本。

2. 综合效益原则

市场经济条件下，企业的目的在于追求最大的经济效益，任何经营和管理都是为这个目的服务。从综合的角度来看，休闲业既是一项经济产业，又是一种文化事业。在大力发展休闲业、开发休闲体育产品时，既要注重产品经济效益的提高，又要追求一定的社会文化效益、生态效应和人的发展效益等综合效益。如果在开发新的休闲体育产品时只追求经济效益，置社会效益、生态环境效益和人的发展效益于不顾，这样的企业肯定是难以生存的。因此，这就要求企业在开发产品的过程中要以提高综合效益为目标，这也是一切经济工作和创新活动的出发点和立足点。所以，企业在工艺创新时要以尽量少的劳动消耗、物质消耗来实现新产品开发的目标与要求，以考虑综合效益的目标成本去控制工艺设计、产品制造、销售与服务各个环节。产品的质量不是越高越好，产品的价格也不是越低越好，产品的质量与价格要适合休闲体验者的需要。①

3. 创新原则

俗话说物以稀为贵，休闲体育产品的吸引力在很大程度上取决于产品自身的优势与新奇，要能在其他产品面前表现出与众不同的特点，而这些优势与新奇往往来源于产品开发时的创新。坚持创新原则，就是要研究开发和生产出能更好满足消费者需求的休闲体育产品，它包括：使用性能更好、更便捷、更安全，外观更加符合消费人群的审美要求；整体费用更加低廉；使用材料更加符合环保要求；参与普及人群更广泛；休闲效果上更能体现以人为本的理念等。此外，休闲体育产品和工业产品一样，存在一个由盛转衰的生命周期规律。当市场上已开发出的产品生命力走向衰退时，就应根据休闲市场新的需求，结合过去产品反映出的问题，立即更新和换代成新的休闲体育产品，以提高市场占有率。

休闲体育产品创新可以在三个层面上实现：一是开发出具有新功能的休闲体

① 陈文化．腾飞之路 技术创新论 [M]. 长沙：湖南大学出版社，1999.

育产品，即提高产品娱乐性、教育性和审美行为，新的休闲体育产品参与性强、文化内涵高，能让人们在消费休闲过程中得到更丰富的体验；二是产品结构方面的改进，如器械材质更轻巧、更便于携带和使用等，最大限度地使开发出来的休闲体育产品在结构和功能上能够满足不同休闲层次的休闲体验者的需求；三是休闲体育产品外观方面的改进，如产品款式更新潮、颜色可供选择性更广等。

4. 差异性原则

休闲体育产品的开发要突出产品的差异性，注重开发“人无我有”“人有我特”“人特我精”的特色产品。当前市场竞争日益激烈，只有具有特色的休闲体育产品才可能更好吸引消费者的目光，对于不同的休闲体验者来说，由于其经济基础、休闲体验动机、个性特点和受教育程度等的不同，对休闲体育产品的需求和购买能力也呈现出差异性。为此，在休闲体育产品开发中，要把握好差异性原则，在产品设计开发中既要考虑到产品面向人群的年龄结构、购买能力、消费需求等方面的因素，开发出适合不同层次需求的休闲体育产品，又要做好充分的市场调查，掌握市场上已经开发出来并已投入市场消费的产品信息及其特征和优缺点，做到知己知彼，对新产品的开发要在原有产品基础上加以改进、完善和重新包装，开发出具有特色的新产品。

5. 可持续发展原则

可持续发展是一种强调长期发展的经济增长模式，最早于 1972 年提出。它强调要在满足当前人类需求的基础上，确保不损害后代人满足其需求的能力，是科学发展观的核心之一。可持续发展原则强调在休闲体育产品开发过程中要为后续产品的开发做好铺垫作用，当先前开发出来的产品在市场上占有一定的份额时，就需要根据已开发出来的产品特点及消费者使用后的意见反馈做进一步的改进和提高，开发更具有市场竞争力的产品，以达到占据更大市场的目标。

（三）休闲体育产品开发程序

休闲体育产品开发程序是指从针对休闲市场的需求进行产品初探到产品设计、工艺流程规划，最后进入正规的生产阶段的全过程决策。从更广泛的角度来看，休闲体育产品的创新不仅涉及新产品的设计和实施，还关乎对现有产品的优化和更新。休闲体育产品的研发是休闲体育行业发展的关键，也是确保其持续竞争力的战略要点。

与其他工业产品的研发相似，休闲体育产品的开发也是一项细致且复杂的任务。它从对社会和消费者需求的分析起始，直至产品正式面世并进入市场，涵盖了多个不同的阶段，需要广泛的知识、科学的方法并有一定的周期性。为确保产品开发流畅无阻，每一个阶段都必须紧密相连并相互促进。因休闲体育产品的特性和其生产工艺的独特性，所以在选择产品开发策略时，经历的流程和具体内容可能会有所不同。休闲体育产品的开发一般需要经历以下六个程序。

1. 市场调查研究阶段

休闲体育产品开发的首要目标是满足现代休闲时代的社会和消费者的期望和需求。休闲体育消费者的偏好和需求为产品创新的决策提供了参考。因此，在启动新的休闲体育产品研发之前，进行深入的市场研究是不可或缺的。这一环节的核心任务是对市场进行深入了解，明确市场定位和目标用户群，对市场的需求进行准确评估，并结合市场反馈信息，构思新产品的设计理念、功能、所用材料及目标消费者，确保开发工作的有针对性，而不是盲目推进。

市场调查的主要任务是有目的、有计划地收集整理休闲体育市场的信息和资料，了解市场的现状及其发展趋势，为市场预测和产品营销决策提供客观的、正确的资料。调查的内容主要包括休闲市场环境调查、休闲市场状况调查、休闲体育产品销售可能性调查。市场调查有助于更好地吸收国内外先进经验和最新技术，改进产品的生产技术，提高管理水平，为企业管理部门和有关负责人提供决策依据，提高休闲体育产品的市场竞争力和生存力。

2. 产品开发的构思创意阶段

在如今这个不断变化的社会中，产品开发已经成为一个富有创新性的活动，其中，产品创意成为休闲体育产品开发的核心要素。在创新过程的初步阶段，对于休闲市场的需求状况及休闲产业的资源情境的全面了解至关重要。考虑到消费者的使用标准以及现存竞品的市场活动，开发团队需有针对性地构思休闲体育产品的概念。一个强大的创意在休闲体育产品的成功开发中扮演着决定性的角色。在休闲体育企业中，产品开发创意的来源主要有三个方面。

一是休闲消费者的反馈。在开发新的休闲体育产品之前，企业必须通过多样的方式来了解和掌握各种休闲消费者的需求。他们需要深入了解消费者在使用现有产品过程中的反馈，同时，对刚入门的休闲体育爱好者的兴趣点进行深入挖掘，以此为基础生成新的产品开发创意。

二是企业员工的建议。尤其是休闲体育产品的市场团队和技术支持团队，由于他们经常与消费者接触，所以对消费者对现有产品的建议和变化的需求有更直接的了解。

三是休闲体育产业的研发专家。研发团队拥有丰富的专业知识和技术背景，他们在休闲体育产品创新方面的专业知识和经验，对于为企业带来新的产品创意起到了关键作用。

除了上述来源，企业还可以通过与情报部门、体育管理机关和休闲组织等合作，收集关于休闲体育产品开发的更多的创意和建议。

在休闲体育产品创意的深化中，主要包括三个关键阶段。

（1）产品构思

在进行细致的市场调研和技术分析后，针对新产品的设想或关于产品改进的建议进行产品构思。

（2）构思筛选

显然，并不是所有的产品构思都有可能成为成功的新产品。某些优秀的构思可能与公司的长期发展策略不符，或者缺乏必要的资源来进行开发。又或者，有些构思从一开始就不具备现实性。因此，对所有构思进行细致的筛选是不可或缺的步骤。

（3）产品概念的形成

形成休闲体育产品的概念实际上是将创意与消费者的真实需求结合起来的过程。经过筛选后的构思只是设计师或管理者初步的设想，要将其转化为真实可行的产品，还需要进一步细化，确立为消费者所能认同的具体产品概念。

3．产品设计阶段

产品设计不仅仅是关于形状和外观的创意，它更涉及如何确保产品满足用户的需要并赋予其持久价值。从确定设计任务的初步构思到明确产品的实际结构，产品设计阶段覆盖了开发流程中一系列至关重要的技术和管理活动。作为产品生产过程的起始，产品设计的每一个细节都需要精心规划和管理，遵循以下三个核心程序。

（1）初步设计阶段

在这个初级阶段，团队的主要目标是为即将进行的技术设计做好充分准备。核心任务是制定一个翔实的设计任务书，该任务书应综合各方面的意见，特别是那些能够确保休闲体育产品设计更为合理、富有创新性的建议。只有在决策者的审查和批准下，该任务书才能被正式采用，并为后续的技术设计提供明确的指引。

任务书的内容应包括：为休闲体育产品选择最佳的总体设计方案，明确设计的基础、产品的核心功能、目标用户群、主要技术参数、性能指标、工作机制、标准化要求、解决关键技术的策略、关键部件、特殊材料需求及资源分析等。在这一阶段，团队还须对不同的产品设计方案进行仔细的分析和比较，以确定哪一个方案最为合适。

（2）技术设计阶段

此阶段主要目标是为新的休闲体育产品确定最终的设计形态。基于初步设计的方向，团队需要进行各种试验研究，确保产品的设计和功能能够满足预期。具体来说，团队须制定试验大纲、编写研究报告、绘制产品总体布局和主要结构图、进行技术经济分析、制定系统原理图，以及确定特殊的器械和材料需求。此外，根据新的研究数据和反馈，团队可能还需要对原设计任务书进行部分修正，同时还须对产品的可靠性和可维修性进行深入的分析。

（3）工作图设计阶段

当设计师开始绘制产品的工作图时，他们必须确保其内容严格遵循相关的标准规程和指导文件。这是确保产品质量、安全性和可行性的关键步骤。绘图不仅需要展现产品的外观，还要确保每一个细节、零部件都按照既定的标准和要求进行设计，这样才能确保产品在实际生产和使用中能够达到预期的性能和效果。

4. 新产品试制与评价鉴定阶段

新产品试制阶段包括两个子阶段，即样品试制阶段和小批试制阶段。

（1）样品试制阶段

在此期间，主要关注产品设计的实用性与质量。这个过程中，旨在评估产品的结构和功能性能，同时对设计图纸进行验证和修正。此时，产品设计的大致框架已经确立。除此之外，也会评估产品结构的制造工艺性，审查与主要工艺相关的潜在问题。

（2）小批试制阶段

这一阶段着眼于工艺的完善。核心目标是验证产品的制造工艺，确保在常规生产环境下，产品可以满足既定的技术要求、质量标准，并带来良好的经济效益。完成试制后，需要对新产品进行综合评估，从技术和经济两个方面全方位地进行评价。只有在经过全面的评估后，产品才能得出最终的结论，并开始正式的建设和生产。

5. 生产技术准备阶段

在此阶段，所有的工作图设计都应该完成，各个环节的联系和关系都应当明确。目的是为产品的正式生产和建设做好完备的准备。

6. 正式生产和销售阶段

这一阶段的任务不只是完成生产计划、劳动组织、物资供应和设备管理等事项，更重要的是考虑如何将新的休闲体育产品推向市场。这包括探索产品的宣传推广策略、定价策略、销售通路以及提供的服务等关键问题。新产品在市场上的推广不仅标志着当前产品开发过程的完成，同时也为下一轮新产品的开发奠定了基础。通过对市场的深入研究，我们能够确切地理解产品是否符合市场需求及其适应性的深度。市场情报分析还能提供关于潜在市场规模的宝贵数据，从而为产品的决策和下一轮休闲体育产品的改进提供有力的依据。

二、主要休闲体育产品的开发与设计

休闲体育产品竞争力的强弱在很大程度上关系到休闲经营者的市场份额和经济收益，休闲体育产品价值量的大小则直接影响到休闲消费者对其休闲体验与经历的满意度。进行休闲体育产品的开发，就是要想方设法提高新老休闲体育产品的竞争力和价值量，无论是对休闲经营者而言，还是对休闲消费者来说，这项工作都具有重要的现实意义。[①]

（一）娱乐休闲型体育产品——以高尔夫球为例

娱乐休闲型体育产品是指以娱乐、消遣、休闲、放松为目的和以体验身体和精神上的愉悦性为目的的多种休闲体育活动的总称。这种活动强调回归自然、身心放松，在休闲过程中重点是获得愉悦，不论是来自生理还是心理上的。这类休闲体育产品的开发更加注重人们的参与体验，不太强调产品的竞技性。下面以高尔夫球为例进行详细的介绍。

高尔夫球场是自然美景如草坪、湖面、沙地和树林在球场设计师巧妙构思下呈现给我们的艺术宝藏。这些球场通常位于开阔的渐坡草地上，通过人为的美化和巧妙的设计使自然风光与现代建筑和谐共存。球场的面积宽广，每一处都风格独特。由于每个高尔夫球场的设计都基于其原始地貌和地形，所以在全球，很难找到两个完全相同的高尔夫球场。

高尔夫球场的设计和建设不只是技术的体现，更是艺术的表达。建筑师在这块绿色的画布上展现了他们的创意和独特见解。有的设计师选择在山巅上打造球场，有的则选择深谷，还有一些人选择了风景如画的海岛作为他们的设计背景。

高尔夫球场设计一般有标准高尔夫球场、微型高尔夫球场、室内模拟高尔夫球场三种。标准高尔夫球场占地面积一般为60～100公顷，球场中以18洞构成

① 马勇，周青.休闲学概论[M].重庆：重庆大学出版社，2008.

最多，18 洞的标准杆为 72 杆，9 洞为半场，标准杆为 36 杆。高尔夫球场中以 9 洞为一单位，1 号洞至 9 号洞为前半场；10 号洞至 18 号洞为后半场。微型高尔夫球场占地面积小，一般只需 800～1500 平方米。它主要建立在城市中心地带，给上班一族带来绿色休闲空间。一般设计有 9 洞、12 洞或 18 洞。室内模拟高尔夫球场就是利用电脑模拟高尔夫球设施，使休闲运动者有身临其境的感觉。随着高尔夫球运动和相关产业的不断发展，现代高尔夫球场的设施和运动条件正在不断完善，其功能也呈现出更多元化的趋势。除了设计高尔夫运动场地，如今的高尔夫球场还会在附近规划度假别墅以及其他运动设施。有些甚至会紧邻旅游景点，与球场相连，形成一个完整的旅游线路，以增加球场的多样功能。

根据内部区域和功能的差异，高尔夫球场主要被划分为三个主要的功能区域：会馆区、球道区和草坪管理区。每个功能区在管理上都拥有相对独立的特点，但它们在功能上相互补充和支持。

高尔夫运动项目的开发设计要把握其特点，只有把握了它的运动特点才能进行有效的产品开发设计。高尔夫运动项目的主要特点如下。

第一，它是一项植根于大自然的运动。高尔夫是一项户外运动，它的场地非常大。高尔夫球场本身即是自然界的一部分，或者说是经过精心打造的自然延伸。自然环境不仅为高尔夫球手提供了广阔的活动空间，还赋予他们宁静的环境，可以让球手享受阳光和新鲜空气的洗礼。这种环境有助于减轻心理压力，放松心情，并促进身体的恢复与舒缓。

第二，高尔夫是一项适合各种年龄、性别、体态、体能状况者的运动项目。儿童可以打高尔夫，八九十岁的老年人只要适度适量亦可以上球场挥几杆。高尔夫球运动不受场地距离的限制，既可以步行，也可以搭乘球车，球手可以根据自身的体力情况来调整节奏与强度。

第三，高尔夫运动被认为是最少产生运动创伤的运动项目之一。因为在高尔夫比赛中，参与者之间并无身体接触，更不会出现像足球比赛中故意拉扯、绊倒、伤害或撕扯球衣等粗暴行为。因此，除了可能因为场地表面导致的脚部扭伤，高尔夫运动没有引发运动创伤的外部因素。

高尔夫的运动价值也非常高，经常打高尔夫球不仅可以锻炼身体的协调性、柔韧度等，还可以提高心肺功能。走路是高尔夫运动的一个不可或缺的元素，一个球场走下来往往有五六千米，走路又对人的健康非常有帮助。高尔夫运动是障碍最低的运动，也是最安全的休闲运动之一。目前有关高尔夫球运动的设计开发主要有以下几种模式。

①私人俱乐部。私人俱乐部通常是私人所有或会员制（交纳一定的入会费或每年交纳会费）。私人俱乐部为了增加会员数量，常增加一些其他吸引物，如游泳池、健身中心、网球场、马术中心等。

②住宅开发。通过在球场周围修建住宅公寓别墅等充分借用球场的美景，并以此减轻或完全填补开发球场所产生的资金压力。这种类型的游憩区配以其他的吸引物，可以成为周末度假区。

③公共高尔夫球场。公共高尔夫球场由当地政府投资建设，作为社区游憩设施或以此增加该地区的吸引力。使用者每次打球都要临时购票，将门票作为成本的一部分，其他成本则由政府从提供给社区的游憩补贴中交付。提供一个公共高尔夫球场的成本很大，平均每个使用者的费用相当于私人俱乐部的入会费用。

④高尔夫酒店或度假区。以高尔夫球场和周围景观作为主要吸引物的球场通常由知名专业人士设计和管理，球场还通过开发一些住宅（出售或出租）和销售会员资格证来降低成本。

（二）户外度假型体育产品——以野营为例

度假旅游，可以被理解为平日忙碌生活中的短暂“喘息”。这是一种目的明确、活动较为固定的旅游体验，其核心是追求轻松、愉悦、健康和放松的体验。不同于传统的观光旅游，它更为深入，更多地是对于目的地环境的享受、对当地休闲方式的体验，以及对高质量服务的期待。对于休闲体育产品的开发者来说，如何满足消费者的这些度假需求是他们所面临的主要挑战。

野营是多数人心目中的理想休闲活动。设想一下，在遥远的大自然中搭建帐篷，沉浸在宁静的夜晚，或是与朋友一同分享户外的乐趣，这样的画面是多么吸引人。此外，野营还可以与徒步、垂钓、游泳等其他户外活动结合，增加乐趣。从最初的军事训练到现在的普及休闲方式，野营已经变得更为多元和自由。

在国外，早在几十年前，野营便已成为一种受欢迎的休闲活动。其中，“穆斯林青年野营”是最具影响力的野营活动之一。随着现代人对于城市生活的疲惫，加上互联网的快速发展，野营活动愈发火爆，吸引了无数的“驴友”加入。

谈及野营，其形式也是多种多样。首先，有传统的自然露营，露营者会选择山区、湖畔或者海滨等自然环境，与大自然亲密接触，享受宁静之美。这种形式的露营者，常常以背包出行，他们也被称为“背包客”或“驴友”。其次，有拖车露营，这种露营方式类似于“移动的家”，露营者驾驶配备完善的拖车，里面装备齐全，如同家一般。这种方式更适合那些追求舒适度的人。最后，有些特殊的露营形式为了满足一些冒险爱好者的需求，如悬崖边露营，这无疑增加了露营的刺激与危险性。

无论采用何种露营方式，都需要在野外精心挑选适宜的营地，并正确地搭建帐篷。选择营地是一门学问，须牢记以下几点：避免选择位于峡谷中央的营地，以防山洪；不要靠近水源，以防涨水；避免营地设在悬崖下方，以免遭受落石；避免选择高地，以防强风；避免在孤立的树下扎营，以防雷击；避免在草丛或树丛中露营，以免遇到蛇虫等危险。

总的来说，理想的营地应当是干燥平坦的地方，视野开阔，上下都有通道，能够有效避风和排水，又方便取水。在选择宿营地时，需要遵循以下原则。

①安全。选择营地时，安全始终是第一要务。避免在悬崖下、风大的山上或高地扎营，这样可以预防风吹石落和雷击的危险。在选择地点时，应仔细检查周边是否有野生动物的迹象，如脚印、粪便或巢穴，避免在出现蛇和鼠的地区扎营，防止意外伤害或设备受损。准备好防蚊、虫、蝎的药品和装备。撒些草木灰在营地的周围，可以帮助避免蛇和毒虫的干扰。

②近水。水源是扎营的重要考虑因素。选择靠近河流、湖泊或小溪的地点是理想的，但避免在可能发生山洪或暴雨的地方扎营，如河滩或溪边，以确保安全。

③背风。风向和风力对户外露营至关重要。应选择一个可以背风的地方，特别是在山谷或河滩地区。确保帐篷的入口不直接面对风，这样可以更好地保持帐篷的温暖和稳定。

④近村与背阴。靠近村庄的营地可以在紧急情况下方便地求助。如果资源如柴、蔬菜或粮食短缺，靠近村庄会更有利。此外，选择背阴的地方，如大树下或山的阴面，可以在晴天时为帐篷提供凉爽的环境，确保帐篷内不会过热或不适。

野营不仅仅是一种休闲体育活动，它也是一种身心的锻炼。通过与大自然的亲近，人们可以放松身心，逃离城市的喧嚣，享受大自然的馈赠。俗话说，大自然是最好的床和被，而野菜和野果则是最自然的食物。这样的体验有助于净化心灵，提高身体的健康。

（三）疗养保健型体育产品——以 SPA 为例

保健是当今社会的另一时尚，这是随着人民生活水平提高而产生的必然现象。疗养保健型体育产品主要是以治疗疾病、恢复体力、强身健体为主要目的的体育产品。此类产品在功能上一般又分为疗养型和保健型两大类，疗养型主要是以治疗和康复身体为目的，借助于休闲体育手段来康复疾病；保健型主要是通过休闲体育来达到增强身体素质、预防各种疾病等目的。下面以水疗（SPA）为例，进行详细的介绍。

SPA 一词是拉丁文“Solus Par Agula”的首字母组合，Solus 指健康，Par 有“在”的意思，Agula 意指水中，SPA 就是指用水来达到健康之目的。SPA 为人们带来了一系列的身心治疗方法，包括按摩、瑜伽、芳香疗法、水疗、泥浴以及五感体验。这些方法的核心目标是滋养身体、强身健体，并带给人们愉悦的感受。SPA 通过使用如水、矿物泥和温石等各种天然资源来满足人们的视、嗅、触、听、味五感和心灵的需求，带给人们极致的放松体验。现代 SPA 理念强调身、心、灵的和谐统一，有助于人们实现身心的完全放松和精神的愉悦。

SPA 在人类历史上有悠久的传统。在古希腊，人们深信海水对洁净皮肤和刺激神经都有特殊的功效。罗马时代，人们使用水疗来缓解过度饮酒和精神紧张引起的问题。到了 16 世纪，法国的亨利三世国王甚至用海水来治疗皮肤问题。随着时间的推移，科学家对水疗在净化、预防和治疗各种疾病的效果进行了深入的研究。近年来的研究揭示，水疗的神奇效果部分归因于皮肤对水中矿物和元素的吸收，恢复了细胞的平衡，并通过淋巴系统排出体内的毒素。而且，皮肤上的反射区与内脏的神经末梢相互连接，水疗不仅舒缓皮肤，还有助于缓解身体疲劳。

SPA 普遍应用于健身、预防与康复疾病，如减缓身心疲劳与舒缓心血管系统的疾病。在减轻体重方面，按摩与海草的使用很有功效，水压的变化促使肌肉与皮肤之间形成挤压，从而使脂肪细胞受刺激，这会导致脂肪细胞运动并燃烧多余的脂肪。SPA 发展至今已成为一种集休闲、美容、减压于一体的休闲康体活动。为了实现特定的治疗目标，可以结合各种水疗方案。这些水疗方案各具特色，有些侧重于提供放松、舒缓和排毒的疗程，有些专注于健美和瘦身，还有一些强调使用芳香精油、海洋活水或纯草本疗法等。主要的 SPA 方法有如下几种。

①流动式水疗法：强而有力的水可以射向人体任一部位进行按摩，对于解压、瘦身、关节及结缔组织损伤以及某些神经疾病都很有效。人体在水中完全放松，有利于健康及健美。

②冲洗疗法：以射流及喷雾进行水疗，方式很多，如强力直射、脉动喷射和细雨般的喷雾。相较于全身浸泡，此法对特定部位的治疗效果更为显著。

SPA 为身体和心灵提供了一片宁静的避风港，有助于释放内心深处的压抑、疲惫与困惑，带领个体进入一个身、心、灵完美融合的和谐状态。在忙碌的都市生活中，追求身、心、灵的完美平衡成为许多人的向往。SPA 所散发的芬芳不仅能滋润肌肤，更能深入心灵，使人由内而外焕发出充满活力和自信的光芒。

（四）休闲健身型体育产品——以健美操为例

休闲健身型体育产品突出休闲与健身，通过休闲体育的活动方式达到健身之功效。休闲健身型体育产品除了强身健体、增进人体健康，还能消除人们的疲劳，使人身心愉悦。下面以健美操为例，进行详细的介绍。

健美操是一项集体操、舞蹈、音乐、娱乐于一体的休闲体育活动，深受大众喜爱，且十分普及。

随着人们生活水平的不断提高，健美操所特有的健身、保健、娱乐价值凸显而出，健美操越来越受到人们的重视。健美操的休闲表现形式也日益多样化，徒手健美操包含瑜伽健身术、拉丁健美操、街舞、搏击操等；器械健美操包括踏板操、健身球操、哑铃操等。健美操的各种形式满足了不同层次的群体对休闲健身的需求，不同年龄健身人群在健美操休闲中为了达到强身健体的目的，会选择与自己年龄、兴趣相符合的内容、强度、负荷来进行健身运动。比如，不同年龄段的女性对休闲健身需求具有较大的差异性，年轻的女性喜欢拉丁健美操、街舞等项目，这些项目要求高强度与大负荷运动量；而老年人的要求则刚好相反，即低强度与小负荷运动量。

随着健美操休闲性的提高，人们越来越追求健美操休闲品质，人们对健美操的诉求由身体的健美需求转向对心理愉悦的追求。健美操通过有氧锻炼达到强健肌肉骨骼的功能，同时也可减缓人们忙碌后的紧张与压力，能够松弛神经、放松心情。在现代生活的快节奏与高效率的压力下，人们越来越感到内心的焦虑与压抑，不得不通过休闲的方式来减缓和释放压力，从而解放自己的心灵。所以，健美操已成为人们释放心理压力的一种有效休闲方式。

随着现代社会对物质生活的追求不断提升，人们对精神层面的需求也日益增多，这促使健美操的形式和要求不断创新。简单的场地、音响和指导教练已不能满足大众的期待，他们希望在锻炼身体的同时，也能沉浸在一个优雅舒适的休闲环境中。因此，现代健身中心不仅提供基本的健身设施，还为会员提供更加高端的休闲体验，如精致的 SPA 服务。在一系列有氧运动后，沐浴在花香四溢的 SPA 中，为身心带来极致的放松与享受，让文化与休闲的完美结合成为现实。由此，健美操必将朝着高雅化的方向发展。

第五章　全民健身背景下的休闲体育发展

经国务院批准，从2009年开始，每年的8月8日为全民健身日，这一规定以增强国民体质、增强体质为目的，以青年、儿童为主要对象。要求每人在一天之内进行一次以上的体育锻炼，并采用两种以上的健身方法。比如，要一直保持一种健身方法，将跑步作为最重要的活动，并在每年进行一次体质测量等。本章对与全民健身有关的休闲体育的发展进行了探索，包括全民健身与休闲体育的关系、全民健身背景下休闲体育发展存在的问题、全民健身背景下的休闲体育空间、全民健身背景下的休闲体育发展的趋势。

第一节　全民健身与休闲体育的关系

一、全民健身与体育

全民健身的概念目前尚没有一个统一的定义，不少定义实际上是对象和方法的组合，如全民健身计划的实施对象是全体国民，全民指的是拥有中国公民身份的人；全体人民为了增强体质，采用不同的手段、方法，达到健身的目的。这些定义反映了全民健身的全民性，但由于健身的方法和手段众多，如体育健身、营养健身、按摩健身等都可以达到强身健体的目的，所以全民健身的定义显得比较宽泛。

当前，各地市是通过发展群众体育来开展全民健身活动的，因为体育的本质是健身，一直以来为人们所接受，所以人们一般也认为全民健身就是全民通过体育健身来增强体质、保持健康。这是体育社会化的结果，也是现代社会发展体育运动的结果，更重要的是，人们对体育的健身价值有了更深刻的理解，并充分发挥了体育的健身作用。要给全民健身一个比较合理的概念，就需要从体育这个字眼来分析和切入。

全民健身是一项体育运动。健康是人类追求的目标，它的实现形式多种多样。

体育、营养、医药等方面都能起到健身的作用。从广义上讲，很难区分什么是运动。在全民健身的大背景下，健身一词很明显地指向了运动和健康。所以，所谓的全民健身，其实就是一种大众化的体育。另外，体育是一种社会现象，它也必须与时俱进。在它的发展历程中，人们对于它的理解将会随着时间的推移和科学的进步而不断深化。此时，体育按照其本来面目，朝着科学性、群众性、健身性、道德性和法规性的方向发展，从而达到对体育本体功能的复归。

所以，全民健身的体育层次含义是指全体国民在政府主导下，通过体育这种方式来学习健身方法，掌握健身技能，达到锻炼身体、增强体质、增进健康的目的，最终形成全民性的体育生活方式。全民健身不仅是以增强国民体质为目的，更是以发展群众体育为目的。所以全民健身的本质是全民的体育健身，全民健身是我国群众体育发展的一种有效方式。从体育层次讲，全民健身属于体育的范畴，是保证人们体育权利的有效方式。

二、全民健身与休闲体育的发展背景之间的关系

随着社会不断发展，人们参与休闲体育运动更多地是为了保证自己的身体和心理健康，从而实现“生活在于运动”这一理念。伴随着一个民族的强大，以及整个社会的不断发展和进步，大多数人对身体的重要性有了更深层次的理解，因此，全民健身已经不再仅仅是一个口号，它正伴随着人们身体素质的不断提升，变得日益流行起来。从经济角度来看，我国国民的收入不断提高，全面建成了小康社会，政府出台的《全民健身计划纲要》就是我国全民健身发展的一个重要的政治依据。所以，国家补贴的体育设施出现在了更多的社区，这两年，最适合中老年人跳的广场舞也开始流行起来。此外，由于我国政府高度关注并大力倡导全民健身，推动了我国居民健康与休闲运动的发展。

如今，人们已经不只是单纯地追逐财富，而是在工作之余也开始重视自己的健康，认识到身体是革命的资本，渴望回归原始的生活。许多人在全民健身的同时，还发挥自己的聪明才智，创造了多种不同的健身方式，这就是现在的休闲体育。随着 2008 年北京奥运会的成功举办，国家自 2009 年起开展了全民健身日运动。与此同时，体育项目也发生了颠覆性的改变，从传统的竞技比赛类项目演变为趣味性、文化性、大众化和自主化的运动项目，提高了人们参加健身活动的积极性。在国家大力倡导全民健身，加大对各种健身场所、器材的投资力度的同时，人们也在调动自己的积极性，创造出了更多的休闲体育活动。

三、休闲体育对全民健身的影响

（一）休闲体育为全民健身活动提供更大的发展空间

休闲体育是一种以培养情操、愉悦身心、提高自身素质为基本目标的运动。休闲体育的内容多种多样，从像球类、田径这样的传统体育项目到像露营、蹦极、越野这样的新兴体育项目，再到人们在日常生活中的散步、登山、慢跑、远足等，这些都属于传统休闲体育的内容。休闲体育的特征表现为对运动技术、技能和场地的需求不高，它可以让老人和小孩都参加，可以让他们在任何情况下都可以进行自由的休息，同时还注重活动的放松性和乐趣。在这种情况下，人们对休闲体育运动的兴趣日益浓厚，这为全民健身活动提供了更大的发展空间。

（二）休闲体育是我国实现全民健身计划的重要途径之一

《全民健身计划纲要》是一项有针对性、有任务、有措施的体育事业发展战略。全民健身是一项持久的运动，要让参与者感受到运动的快乐。而休闲体育具有很高的趣味性，以及比较宽松的氛围，因此它很容易让人得到很多的快乐，与此同时，它还可以为人们的娱乐生活向着健康的方向发展提供良好的条件。所以，要达到《全民健身计划纲要》所提出的明确的发展方向，就必须把休闲体育和全民健身有机地融合起来，使休闲体育成为我国实现全民健身计划的重要途径之一。

（三）休闲体育能够推进全民健身的普及

物质文化和高新技术的发展，将为专业的休闲体育活动和群众的休闲体育活动提供必要的场地、器材、设备，并能带给人们新的理念。大众文娱运动的发展将推动文娱运动竞赛的发展，并为专业队伍提供优质的后备力量。专业休闲体育运动的高水平将会对群众休闲体育运动有较高的需求。伴随着社会的不断进步，越来越多的人从看他人的比赛转向自己亲自感受运动的乐趣，而休闲体育是一种高质量、高品位、高层次的体育娱乐活动，它也将吸引越来越多的青年及中老年朋友加入全民健身的队伍中来。

（四）休闲体育能够促进全民健身的发展

大众健身计划的执行是指在政府的指导下，在整个社会中，政府和人民都在积极地进行着各种形式的努力，同时也是一项全民健身计划。要使全民健身运动持久地进行下去，就需要人们爱运动，并能对运动产生积极的影响。休闲体育是实现国民健康的根本，只有夯实了这个根本，国民健康计划的实施才会更加有效、更加切实、更加科学。

1. 休闲体育是最积极的健身方式之一

与竞技体育相比，休闲体育最大的区别就是，它以愉悦身心、增强体质为目标，当人们参与休闲体育的时候，不但可以增强他们的体质，还可以让他们从压力中得到缓解，让他们始终保持着一个好的心态。竞技运动以获得好成绩为基本目标，以提高竞争实力为最终目标，追求卓越。因此，人们更愿意选择趣味化的娱乐体育，从心底里感受体育活动带给他们的乐趣，从而让他们明白并理解到体育锻炼的意义。所以，在现代社会中，提倡人们参与休闲体育运动，对推动全民健身的发展具有重要意义。

2. 休闲体育能够吸引大众参与全民健身

现代社会物质文化与科技的飞速发展，必将为专业体育与休闲体育提供更多的场地与器材，使人们的体育需求不断得到满足。因为休闲体育对体育场地、器材、设施的需求不高，所以可以让人们在外出的时候就可以参加体育活动，不仅可以提高身体素质，还可以让身体得到放松。随着娱乐项目越来越多，娱乐项目也越来越丰富，这也会让更多的年轻人和中老年人加入运动当中，吸引更多的人参与全民健身。

3. 休闲体育的本质特征有利于全民健身的开展

现代社会生活步调的不断加快给人们带来了很大的压力。在工作之余，人们希望寻找一种可以让自己得到休息的方式，休闲体育受到了很多人的欢迎。它有着丰富的活动内容、多种多样的形式、简单的参与方式，可以满足人们对运动的需求。休闲体育运动具有简单、生动、灵活的运动形式，可以对人的精神起到很好的舒缓作用。休闲体育是一种让人愉快的运动形式，它能让人在运动中树立自信、提高自我。总体而言，休闲体育不但能让人们真正感受到身体健康带来的好处，更能让他们感受到生命的意义和生命的价值，在思想上改变了他们对体育价值观的看法，从而推动全民健身事业的发展。

休闲体育与全民健身的实施有着紧密的联系，两者之间存在着相互影响、相互促进的联系。二者都有广泛的参加人群、愉快的气氛，可以增强身体素质，使身心愉悦。因此，将休闲体育与全民健身相结合是一种重要且必要的方式。

四、休闲体育与全民健身的区别

尽管休闲体育与全民健身有着许多的关联和共同性。然而，二者又存在着一些差异，这种差异突出地表现在了游憩方面。休闲体育有钓鱼、打麻将、打扑克牌等，其目的是娱乐、放松身心、陶冶情操、增强智力。但是，在全民健身的范围内，却没有这样的活动。休闲体育的管理方法相对宽松，而全民健身运动的管理方法则相对规范，特别是全民健身计划的推行，使全民健身更加规范。从功能上来说，全民健身是以运动为主，而休闲体育则具有运动和娱乐两种不同的性质。

五、休闲体育促进全民健身发展的对策

随着时代的进步，以及人们的空闲时间的增加，休闲体育逐渐受到广大健身爱好者的喜爱。休闲体育能让人们在参与的过程中，既能满足他们回归自然的欲望，又能增强他们的身体素质，让他们真正地体会到体育锻炼的魅力和快乐，让更多的人参与到全民健身的队伍中来。所以，在当前我国全民健身正在兴起的情况下，探索休闲体育对全民健身的正面作用，对于推动全民健身的发展有着理论与实践意义。

（一）积极培育休闲体育项目，促进全民健身运动的发展

由于休闲体育注重娱乐的内容，所以很容易受到大众的喜爱。要逐渐引导人们参与到休闲体育健身项目中来，让他们能够主动地投入自然界当中，进行一些适宜大众参与的休闲体育健身活动，如慢跑、远足、自行车旅游、野营、度假、太极拳、门球等，使所有人都能参加体育锻炼，科学性地锻炼身体。

（二）因地制宜，采用灵活多样的方式

应尽可能地将现有的设施和技术人员充分地利用起来，有目的、有计划、有组织地展开一些具有一定的趣味性，并且与当地的特色相适应的休闲体育项目，这样可以在让人们健心的同时，还可以获得健康。在此基础上，要加大对休闲体育运动的宣传力度，并将其与大众运动相融合。例如，可以将一些休闲体育项目与人们常常进行的篮球、排球、足球、乒乓球等项目相融合，从而创造出一种既适合当地的情况，又有当地特色的全民健身项目，从而更好地推动全民健身的发展。

（三）充分挖掘传统休闲体育项目的潜力

传统休闲体育项目有着很长的历史，它们在民间有着很深的群众基础和丰富的文化内容，同时还有着很高的教育和艺术价值。它不仅可以让大众通过运动来实现身体健康，而且还可以对大众进行有效的思想政治工作，培养大众的优良品

德。比如，有些地区有荡秋千、赛马、赛龙舟等传统项目，有些地区有斗羊、斗鸡等，都可以对其进行改进，发挥其独特的文化和艺术魅力，让更多的人参与其中，从而促进全民健身运动的发展。

（四）积极开发休闲体育中的健身、健心、健美功能

在现代，人们对休闲的需求越来越大，休闲体育运动是一种以体力为载体的运动形式，相较于其他运动形式，休闲体育运动更易受到人们的欢迎。休闲体育运动有着健心的功效，参与休闲体育运动不但可以增强体质，还可以舒缓参加者紧绷的精神，调整一些不良的情感、心态，从而达到身心健康的目的。韵律操、健身操、有氧健身操、休闲舞蹈、保龄球等运动是一种健体、健心、健美的运动，应当对其进行积极的发展和改良。

（五）积极开展老年人与妇女休闲体育活动

随着我国老龄化进程的加快，我国中老年人的休闲体育运动已逐渐成为一项重要的社会活动。这不但让老年人强心健体、延年益寿，还极大地推动了全民健身运动的发展。此外，女性参与到休闲体育运动中来，可以推动社会的进步。目前，许多女性都在积极地参与休闲体育运动，同时，休闲体育也为女性在生理上和心理上提供了必需的条件，使女性成为全民健身的主力军。

第二节　全民健身背景下休闲体育发展存在的问题

在全民健身的大背景下，休闲体育有了很大的发展。这一发展既反映在人们对其日益重视上，也反映在休闲体育正在逐渐成为一种新型的生活方式和人们精神生活的一部分。在物质生活条件日益改善的情况下，人们对休闲体育运动的积极性越来越高，很多专家和学者都对此给予了关注，并从理论上对其展开了探索。当前，休闲体育在我国呈现出快速发展的态势，其发展趋势是，休闲体育参与人数增加，场地设施数量增加，用于休闲体育的时间增加。但是，目前我国休闲体育发展还面临着许多问题。当前，我国休闲体育的发展主要面临着两大难题，具体如下。

一、休闲体育参与者在项目的选择上具有盲目性

有些人在进行休闲体育活动时只会跟风，没有根据自己的具体情况去参加，

很容易引起不必要的伤害。与此同时，因为缺少相应的科学认识，人们很容易对运动负荷的强度掌握不准确，导致强度或高或低，使得参加休闲体育不但不能发挥出强身健体、愉悦身心等功效，还会导致运动效果不好，损害身体的健康。

二、休闲体育区域间发展不平衡

由于我国地域辽阔，各区域之间的经济和社会发展程度存在着一定的差距，因此，对休闲体育的发展提出了更高的要求。在投资和运动设备方面，沿海与内地区域有明显的差异。例如，在我国东部沿海区域，因其相对发达，休闲体育得到了很好的发展，拥有很大的受众群体，并对我国的国民健康起到了很好的促进作用。但是，随着我国经济的快速发展，城市居民的生活水平不断提高，休闲体育区域间发展变得更加不平衡。

在此基础上，本节提出了科学合理的体育活动模式。随着休闲体育运动的不断发展和广泛开展，很多人对普通的健身活动已不再满足，对科学的健身活动提出了更高的要求。为此，需要在多种途径下，加大对休闲体育运动的引导力度，以促进休闲体育运动的科学发展。同时，在区域经济的发展过程中，要通过区域经济的发展来促进休闲体育发展的平衡。

第三节　全民健身背景下的休闲体育空间

休闲体育是一种文明、健康、科学的休闲健身方式，它已得到了人们的广泛认可，并逐渐融入人们的日常生活。在我国城镇化进程中，我国城镇人口不断增加，而我国城镇居民对体育锻炼的要求也越来越高。在我国城市居民的日常生活中，居民的生活方式、居住方式、居住环境等都是影响居民生活质量的主要因素。

一、休闲体育的空间形态

（一）公园休闲体育空间

公园指的是为人们提供游乐、休息以及进行文娱体育活动的公众场所，它具有较为完备的基础设施以及良好的公共绿地。在城镇中，公园是人们进行娱乐和体育活动的主要场所，通常情况下，大型的综合性公园中都会配备一些游乐场所、运动拓展设施、健身器材等多样化户外运动休闲空间。随着城市化进程的不断发展和全民健身热潮的兴起，公园作为全民健身的重要场所也得到不断地完善，建立了休闲健身广场、塑胶健身跑道、塑胶灯光球场等健身设备，使体育功能更加完备。

（二）广场休闲体育空间

广场是一个可以供人聚集和休憩的场所，它是一个结点型的、以行人为主要形式、以特定的理念和尺度为特色的、以人为主体的室外公共活动场所。广场可分为三种类型：综合广场、交通广场、商务广场。相对来说，综合广场更适宜用作居住区的健身场所。其中，有一部分是作为公共安全设施的，用于公共安全的紧急避难、运动休闲，为公众提供了一个休闲、娱乐、锻炼身体的地方。由于场地受限，人们经常把具有其他功能的广场充作为休闲体育活动的空间。

（三）学校休闲体育空间

使城镇居民重返校园、参与校园运动，是实现校园运动向社区运动转变的一个很好的桥梁。在不妨碍学校教育的前提下，一些校园体育设施可以被市民共用，成为对城镇公众健身设施的有效补充。

（四）公共体育场馆休闲体育空间

作为体育活动的一个重要载体，公众体育馆可划分为两类；一类是大中型体育馆，另一类是中小型体育馆。

二、休闲体育的空间特征

（一）生态性

公园、广场及街道上的绿道及健身设施为都市居民提供了大量的绿地，也是他们的日常生活场所。

（二）社会性

城市休闲体育空间是一种能够激励和引导城市居民参与全民健身活动，从而形成一种健康的生活方式的空间载体，它对于城市形象的塑造、城市活力的展现、城市功能的强化都有着非常重要的意义。伴随着全民健身运动的展开，各种类型的休闲体育空间呈现了出来，更多的居民从生活、学习和工作空间中走出来，融入社会性的体育实践中去，体验到了休闲体育带来的乐趣。在此基础上，结合企业和个人等社会资源，通过对其进行合理的规划和发展，在全社会的关心与帮助下，在都市建设的大背景下，更好更快速地挖掘与使用这些资源，从而达到促进体育社会化的目的，彰显其社会价值，为构建和谐社会做出贡献。

（三）开放性

公园、广场、湖滨、水滨、公共绿地、文化场馆等都是可以给居民提供日常生活和社会公共使用的空间，逐渐成为城市休闲体育空间的有益补充。

（四）便捷性

在选择和布置休闲体育运动场所时，一定要讲究便捷。休闲体育场所需要有一个固定的服务半径，过小时会导致使用效率低下，过大时则会导致可达性较低，从而限制了城镇居民的运动积极性。小型和中型的休闲体育空间以步行可达和非机动车可达为基础，而大型的城市公共体育空间则以汽车可达为主，将其布置在通达性好、交通便利的区域，并配备一定的停车位等。

三、休闲体育空间利用及发展对策

（一）全民健身理念指导下实施休闲体育空间均等化建设

发展大众体育是国家体育工作的重点，伴随着城镇化的快速发展，城镇人口的日益增多，城镇居民对运动的需要也在日益增加，这就需要对城市的休闲体育空间进行优化。从提高人们健身水平的目的出发，政府应该推动休闲体育空间的均衡发展，对其进行合理的安排和配置。城市的发展和规划要与人们健身的需要相匹配，要统筹好大型体育场馆和村镇体育公园的建设工作。因此，我国应加强对城市居民休闲活动场所的管理，加强对城市居民休闲活动场所的管理，促进城市居民休闲活动场所的建设。

（二）学校体育空间积极融入休闲体育空间，发挥主阵地作用

《全民健身条例》作出了一套具体的规范，其中包括公立学校应当提供对社会公开的服务，并在此基础上，对其进行了相应的规范。鼓励城镇居民积极参与到学校体育空间中，以充分发挥其作为全民健身的主要阵地的功能，以改善城镇休闲体育场所的匮乏状况。在周末、节假日、寒暑假等，有近六个月的时间，学校的运动场都是空闲的。这一空闲状态为其向社会公开提供了可能。学校体育场地开放受安全因素、学校管理因素、政府管理因素、资源因素、观念因素和政策

法规因素等影响。政府应当采取相应的对策，如调动校方与街道、居委会等多方力量，形成协同发展的机制，让居民与学生共同享有学校的运动空间。在确保学校能够顺利地进行正常的体育课教学和活动的基础上，以付费或免费的方式向居民开放学校体育空间，这是推动全民健身计划有效实施的一项重要举措，也是一种趋势。

（三）完善休闲体育空间建设，不断优化品质

休闲体育运动是人们对高品质、和谐的生命的追求，优质的休闲体育空间能有效地提高人们的运动能力。在此基础上，通过对城区公共空间内的局域环境及休闲体育场所的配套建设，不断优化休闲体育空间的品质。

（四）建立多层次休闲体育空间，提升全民健身参与度

在全民健身活动的全面展开过程中，应构建多层次的休闲体育空间，以适应不同群体的需求，从而让居民的不同健身需求得到解决，提升人们的休闲健身参与程度。居民在平时工作的时候，他们的闲暇时间是非常有限的，在他们的住所周围，包括社区广场、街边绿地、小区空地和小游园等，都是他们进行体育和娱乐的主要空间。在周末和假期，人们的闲暇时间相对较多，因此，在距离较远、具有自然环境特征的滨水区、森林公园、大型综合性场馆等地方，都将是人们进行体育休闲活动的主要场所。在此基础上，可以进行园林绿化，为周围居民提供体育娱乐场所，以满足居民在工作中的体育娱乐需求。在滨水区建设以体育运动为目的的度假村、浴场、沙滩、自行车和健身步道，在郊区建设大型的体育运动和娱乐主题公园，构建符合居民活动需求的休闲体育运动活动空间。

（五）发展生态休闲体育空间，带动全民健身活动持续开展

在进行休闲体育场所资源的开发与应用时，要注意保护动物与植物的生存环境，维护生态资源的可持续发展；休闲体育活动的设施区域、体育活动的强度类型、体育活动的参加人员，都应该在资源和环境的承载能力的限度之内对其进行规划和设计，防止对休闲体育空间的盲目发展；努力培育出一支思路清晰、业务精深、执行力强的生态体育专家团队，保障生态体育各项工作的顺利开展，保障对休闲健身场地设施的建设和对休闲体育自然生态资源的发展，与生态环境保持和谐；为人们提供具有生态特点的休闲体育运动空间，促进人们健康水平的提高。注重人与自然、城市发展与环境人文之间的协调，从而全面提高人的生活品质和生活幸福感。

第四节　全民健身背景下的休闲体育发展趋势

一、全民健身背景下休闲体育发展的趋势预测

（一）休闲体育与全民健身的联系将更加紧密

随着新一轮国家体育事业的不断发展，人们在精神上的需求也会日益增长，休闲体育将继续受到大众的欢迎，这将极大地促进全民健身事业的发展。在国家积极推动全民健身事业的今天，休闲体育与全民健身的联系更加紧密，两者可以相互促进、相互补充，并逐渐变成一种新的生活方式。

（二）我国休闲体育将逐步与国外接轨，实现产业化发展

与国外相比，我国的休闲体育发展历史相对较短，需要借鉴比较成熟的国家的发展经验，借鉴他们的先进理念。根据实际情况，应该试探性、批判性地采纳和借鉴先进国家的经验，把国内的休闲体育和国际上的休闲体育结合起来，进行全方位的改革，并用理论来指导实际工作，从而保证休闲体育能够快速地发展。

（三）普及率将进一步提升

当前，国家正在全力推动全民健身，这对于促进大众参与休闲体育运动有着十分重要的作用。更多的公众把参加全民健身作为一个机会，开始接触、了解并逐渐参加到休闲体育中去，从而使休闲体育群体更加壮大。像慢跑、大众健美操等一些休闲体育，由于其高度的参与度，更容易得到普及，这会极大地促进地方的全民健身事业的发展。随着社会的发展，人们生活质量的提升，他们更易于参加到休闲体育中，并且在地方政府和有关体育组织的指导下，逐渐培养出参加休闲体育的意识、习惯和能力，从而对终身体育有了更深的认识。

不管是休闲体育，还是全民健身，两者都与社会的发展和进步有着密切的联系，它们都需要对社会的改变做出相应的调整，而这并不以人的意志为改变，而是由休闲体育和全民健身运动自身的发展变化规律确定的。在知识经济的年代，休闲体育和全民健身将发生巨大的改变。从社会发展的规律以及人的需要来看，随着经济发展的程度越来越高，人们的精神需求也就越来越高，这也就确定了休闲体育和全民健身的发展方向。休闲体育运动已成为一种不可或缺的文化需要。

二、全民健身与休闲体育发展的分析

（一）休闲体育的发展规律分析

在发展的过程中，人们的认识越来越深刻，人们的参与意识也越来越强烈，各种体育项目的开展也越来越多，推动了休闲体育运动的发展。

1. 全民健身意识的崛起成为休闲体育发展的前提

随着我国的社会和经济的飞速发展，人们在生活和工作中所承受的压力越来越大，更加重视自己的健康状况，并改善了健康观念。但是，由于没有形成良好的规模效应，所以，当个人在逐渐萌发健身意识的时候，也会鼓励身边的人加入体育锻炼中来，这不但变成了一种新的交际交流方式，也更好地促进了全民健身的发展。当人们聚集到一块时，就会按照自己的需求，探讨出适合自己的健身方法，以健身为中心，既有乐趣，又具有可执行的条件，这一切都为休闲体育提供了良好的基础。

2. 休闲体育项目和形式的完善加强了全民健身的可行性

休闲体育已经从传统体育项目的专业性和竞技性的需要中分离出来，它以一种更加休闲、自由的形式进行，让每个人都可以寻找到适合自己的健身方法，从而提高人们参与的积极性和热情。在政府与民间力量的共同推动下，以小区为单元的休闲体育设施建设也在逐步完善，居民有了更多的休闲体育活动场所。

3. 全民健身与休闲体育共同发展

全民健身与休闲体育可以互相推动并共同发展。全民健身可以丰富休闲体育的形态，为其发展提供更好的条件；同时，随着休闲体育的不断发展，越来越多的人参加到了健身活动中，提高了全民健身的可能性。

（二）全民健身与休闲体育的未来发展与规划的思考

当前，全民健身与休闲体育相得益彰，相互推动，但二者之间仍有诸多问题，亟待加以重视与解决。全民健身与休闲体育的发展是一个持续进化的进程，既需要政府的支持，也需要人们提高自己的主观能动性，实现全民健身与休闲体育的共同发展。

1. 树立正确的健身意识，正确看待全民健身活动

通过对互联网和社会调查得到的数据，不难看出，许多人的生活习惯并不健康，尤其是一些上班族，他们通常只有在周末的时候才会使用他们居住地方的设备来进行锻炼。为此，应以社区为基础开展健康教育，提高大众对健康的认识，

提高大众对健康教育的重视程度。很多人以种种原因来解释自己为什么不去运动，实际上，这是一种认识上的问题，也是一种对高品质、健康的生命认识不足的体现。这就要求在理念和意识上进行一些变革，对于这种状况，有关部门可以通过举例子的方式来为大众设计一些不同的健身方案，让更多的人参与全民健身。

2. 打破场地限制，实施惠民政策

随着人们的体育运动积极性的提高，他们参加体育活动的次数和数量也在增加，对体育设施的需求也在提高，但是从现在的情况来看，体育场所较为拥挤，有些人还会因为一处体育场所的竞争而起争执。所以，突破学校、体育馆等对人们的制约是一种更为积极和有效的方法。这就要求政府做出切实的改革，实施惠民政策。

3. 加强运动健身活动和项目的安全性引导

在进行各种体育活动的时候，要充分考虑到运动项目本身的安全性，避免高难度高危险性的活动，这样才能真正实现快乐健身、健康生活。政府应加强对公共场所的日常巡查，真正为人们创造一个便利的运动场所。同时，还可以创立一个有趣的体育比赛节目，让大家一起来享受体育的乐趣和体育节目的乐趣。

全民健身和休闲体育是一个持续的发展过程，当人们在持续地追求高质量的生活的时候，要使休闲体育与全民健身的发展要求相匹配。在健身时，要对人们进行意识和思想上的指导；而在人们参与休闲体育的时候，要对其进行更多的安全问题教育。因此，在这二者进行相互促进的同时，还必须相互加强，才能让休闲体育更好地为全民健身提供服务。休闲体育真正要走进群众，就要有更全面的配套设施。要做到这一点，就需要政府起到辅助的作用，扩大场馆的建设，加强对场馆的宣传。

实现全民健身是国家和社会共同努力的方向。休闲体育有着悠久的发展历程，伴随着人们的物质生活和心理需要的日益增长，它已经是人们生活中不可或缺的一部分。休闲体育作为全民健身的一个主要组成部分，二者在项目上、满足群众需求上、表现形式上以及在管理方法上都有许多的共同点，可以相互促进、相互进步。但在功能、项目、年龄、经营模式等方面，二者也存在着一定的差异。因此，休闲体育是为全民健身而生的，休闲体育和全民健身应该是协调发展的。

参考文献

[1] 于芳．休闲体育 [M]. 天津：天津科学技术出版社，2020.

[2] 王东良．休闲体育 [M]. 兰州：甘肃人民出版社，2012.

[3] 李国忠，杨雪芹．休闲体育 [M]. 北京：人民体育出版社，2007.

[4] 龚煦林．休闲体育 [M]. 长沙：湖南师范大学出版社，2007.

[5] 石振国．中国休闲体育研究进展 2015–2020[M]. 济南：山东大学出版社，2021.

[6] 罗小玲，傅贻忙．长株潭城市群休闲体育空间结构合理化及其布局研究 [M]. 北京：北京理工大学出版社，2020.

[7] 房殿生，蔡友凤．新视角下休闲体育运动理论与方法研究 [M]. 北京：北京工业大学出版社，2019.

[8] 张启明，俞金英．休闲体育经营与管理 [M]. 厦门：厦门大学出版社，2008.

[9] 鄂文杰，梁永庆，于秋芬．现代休闲体育 [M]. 哈尔滨：哈尔滨地图出版社，2008.

[10] 田懿，王海平．休闲体育产业融合发展的路径探讨：以泰安市为例 [J]. 生产力研究，2022（12）：63–67.

[11] 吴敬恒．影响休闲体育发展的因素及优化策略 [J]. 哈尔滨职业技术学院学报，2022（2）：137–139.

[12] 代向伟，凌媛，张娟．民族地区城镇居民休闲体育障碍的差异性研究 [J]. 武术研究，2022，7（7）：99–102.

[13] 韩垚．休闲体育产业与数字经济深度融合的机制及路径 [J]. 产业创新研究，2022（19）：136–138.

[14] 袁艺．休闲体育项目类别及适应人群研究 [J]. 中国市场，2022（4）：66–67.

[15] 黄振．我国休闲体育产业与旅游产业的融合发展 [J]. 文体用品与科技，2022（11）：19–21.

[16] 姚天星．现代休闲体育的发展态势及策略[J]. 现代职业教育，2021（52）：190–191.
[17] 赵赞．休闲体育对我国城市体育发展的促进研究[J]. 文体用品与科技，2022（9）：94–96.
[18] 徐志军．发达国家休闲体育政策环境发展特征、经验及启示[J]. 上海体育学院学报，2021，45（12）：91–100.
[19] 单凤霞．城市休闲体育研究：综述与展望[J]. 山东体育科技，2022，44（2）：8–14.
[20] 任波．体育产业与城市化耦合发展机理及其效应研究[D]. 上海：上海体育学院，2021.
[21] 涂志辉．中美体育产业的经济效应比较研究[D]. 福州：福建师范大学，2021.
[22] 田海波．休闲体育专门化表现特征研究[D]. 杭州：浙江大学，2021.
[23] 林俐．论体育休闲观[D]. 北京：北京体育大学，2015.
[24] 张森．中美两国体育休闲产业比较分析研究[D]. 苏州：苏州大学，2013.
[25] 金银日．城市居民休闲体育行为的空间需求与供给研究[D]. 上海：上海体育学院，2013.
[26] 胡雪萍．信阳市城市居民休闲运动参与现状调查与分析[D]. 信阳：信阳师范学院，2022.
[27] 高乐．我国休闲体育产业高质量发展评价及其影响因素研究[D]. 太原：山西财经大学，2021.
[28] 聂瑶．区域城市群休闲体育消费质量的评估评价研究[D]. 西安：西安体育学院，2021.
[29] 姚东祺．武汉市休闲体育产业发展中的政府职能研究[D]. 武汉：武汉科技大学，2021.